마지막 말의 철학

마지막 말의 철학

1판 1쇄 인쇄 2023. 3. 1.
1판 1쇄 발행 2023. 3. 10.

지은이 이일야

발행인 고세규
편집 태호 디자인 윤석진 마케팅 윤준원·정희윤 홍보 최정은
발행처 김영사
등록 1979년 5월 17일(제406-2003-036호)
주소 경기도 파주시 문발로 197(문발동) 우편번호 10881
전화 마케팅부 031)955-3100, 편집부 031)955-3200 | 팩스 031)955-3111

값은 뒤표지에 있습니다.
ISBN 978-89-349-4327-3 03100

홈페이지 www.gimmyoung.com   블로그 blog.naver.com/gybook
인스타그램 instagram.com/gimmyoung   이메일 bestbook@gimmyoung.com

좋은 독자가 좋은 책을 만듭니다.
김영사는 독자 여러분의 의견에 항상 귀 기울이고 있습니다.

마지막 말의 철학

Philosophy of
Last Words

이일야 지음

소크라테스부터 사르트르,
공자부터 틱낫한까지

김영사

II. 동양편

철학은 명사가 아니라 동사여야 한다는 생각을 끊임없이 한다. 명사처럼 고정된 것이 아니라 동사처럼 일상에서 활발하게 움직여야 한다는 뜻이다. 그러기 위해서는 대학 강단이나 먼지 가득한 서재에서 밖으로 나와, 사람들이 숨 쉬고 있는 현장 속으로 들어가야 한다. 몇 해 전 《동화가 있는 철학 서재》라는 책을 출간한 적이 있는데, 이 역시 '철학은 동사'라는 생각에서 시작한 것이다. 아이들이 많이 읽는 동화 속에서 철학적 의미를 찾아보자는 취지로 쓴 것인데, 감사하게도 그해 문화체육부가 주관하는 세종도서 교양 부문에 선정되어 그 가치를 인정받게 되었다.

동화와 철학이라는 작업을 마치자, 어느 날 문득 묘비명이 마음속으로 들어왔다. 묘비명은 한 인물의 삶 전체가 압축되어 있는 글이다. 호기심을 가지고 비석에 새겨진 철학자나 종교인들의 글을 찾아보았다. 여러 인물의 묘비명을 읽으면서 거기에 담긴 의미를 오늘의 시선에서 해석하고 싶다는 욕구가 강하게 밀려왔다. 그만큼 필자의 마음에 울림을 주는 인상적인 내용이 많았다.

어떻게 쓸 것인가 고민하다 대략적인 계획서를 작성해서 월간 신문을 만드는 지인에게 보냈다. 지인은 보낸 자료를 검토하더니 여기에 실을 것이 아니라 좀 더 많은 사람이 볼 수 있는 신문에 연재하는 것이 좋겠다면서 계획서를 다른 신문사에 보냈다. 얼마 지나지 않아 그 신문사로부터 연락이 와서 매주 원고를 써줬으면 좋겠다는 제안을 받았다. 얼떨결에 나는 그러겠다고 말했다. 아이디어 차원에서 생각한 것인데, 갑자기 일이 커져버린 것이다. 이 책은 그런 인연으로 세상 밖으로 나오게 되었다.

이 책은 동서양에 널리 알려진 철학자나 종교인들이 삶의 마지막 순간에 남긴 유훈이나 묘비명에 있는 내용을 오늘날의 시선에서 성찰하고 있는 책이다. 지난 1년 동안 쓴 원고 가운데 일부를 간추리고 이번에 새롭게 쓴 원고와 합해서 출간하게 되었다.

매주 한 인물과 씨름하면서 글을 쓰다 보면 잘 풀리지 않을 때가 많다. 그럴 때면 생각을 확 열어놓으라는 스승님의 말씀이 떠오르곤 한다. 그렇게 마음을 열어놓고 강변을 거닐다 보면 얽혀 있던 생각의 매듭이 하나씩 풀리기 시작한다. 그 덕분에 무사히 원고를 마칠 수 있었다. 오래전 대학을 정년퇴임하고 유행기遊行期의 삶을 여법하게 보내고 계신 강건기 선생님은 여러 면에서 닮고 싶은 분이다. 이런 자리를 빌려서나마 존경과 감사의 마음을 전한다.

호남문화원 이준엽 실장은 중학교를 졸업한 사람도 이해할 수 있을 만큼 쉬우면서도 핵심을 담고 있는 글을 써야 한다는 조언을 아끼지 않는다. 이번에도 글을 쓰는 데 많은 도움이 되었다. 늘 감사한 마음이다. 오자나 탈자가 없는지 세심하게 원고를 살펴준 심광섭 전북불교대학 문화처장께도 감사의 인사를 전한다. 신문에 실린 글에 관심을 가지고 출판의 인연을 맺어준 김영사 고세규 사장님과 태호 차장님을 비롯한 출판사 가족 모두에게 감사를 드린다. 참 좋은 인연이다.

철학을 공부했지만, '철학이란 무엇인가?'라는 질문이 가장 대답하기 어렵다. 물리학이나 사회학, 국문학 등 개별 학문에서는 답변하기 쉬운 질문이 철학에서는 그리 만만치가 않다. 아마 100명의 철학자에게 이 질문을 던지면 공통된 답변은 거의 나오지 않을 것이다. 그만큼 분야에 따라 답변이 다양하다는 뜻이다. 누군가는 조금의 주저함도 없이 철학은 과학적 세계관이라고 답할 것이다. 세계와 인간에 대한 지극히 근본적이고 고도로 일반적인 주제를 탐구하는 학문이라는 답변도 있을 것이다. 고등학교 시절 펼쳐본 어느 사전에는 우주와 자연의 이치를 연구하는 학문이라 나와 있었다. 개별 철학은 있지만, 모든 분야를 하나로 아우를 수 있는 철학에 대한 정의는 없다고 말하는 학자도 있다. 철학이 무엇이냐는 질문이 어렵게 느껴지는 이유도 여기에 있다.

언젠가부터 이런 질문을 받으면 가볍게 대답하는 것이 있다. 철학이란 낯선 혹은 어색한 만남이라는 답변이다. 머리말에서 잠시 언급한 것처럼 철학은 명사가 아니라 동사다. 철학은 박제된 채로 박물관에 진열된 것이 아니라 일상에서 생생하게 살아 움직이고 있다는 뜻이다. 그래서 '철학'이 아니라 '철학하기'라고 말하는 것이 훨씬 좋다. 동사로서 철학하기에는 누구나 당연하게 생각하는 것을 낯설게 만들고, '왜'라는 질문을 던져 우리를 사유의 세계로 이끄는 힘이 있다.

예를 들어, '1+1=2'라는 명제는 누구나 옳다고 생각한다. 그런데 어느 아이가 귤 하나와 수박 하나의 크기가 다른 것을 보고서 '어떻게 1+1=2가 옳습니까?'라고 질문할 수 있다. 예전에 이런 질문을 하면 공부는 안 하면서 쓸데없는 생각만 한다고 선생님께 혼이 났지만, 사실 이는 매우 철학적인 질문이다. 누구나 자명하다고 생각하는 것에 문제 제기를 했기 때문이다. 그 순간 '1+1=2'라는 명제는 아주 낯선 혹은 어색한 대상이 된다. 이 질문을 통해 우리는 앞의 1과 뒤의 1이 완벽하게 동일한 조건일 때만 '1+1=2'라는 명제가 참이라는 결론을 도출할 수 있다. 앞과 뒤의 조건이 다르면 이 명제는 거짓이 되기 때문에, 아이는 매우 훌륭하고 칭찬받을 만한 질문을 한 셈이다. 철학에는 이처럼 당연하다고 여기는 것에

'왜'라는 질문을 던짐으로써 훨씬 더 자명한 결과를 도출해내는 힘이 있다. 그러면 우리를 낯선 세계로 안내하는 시 한 편을 감상해보자.

넌 충분히 할 수 있어
사람들이 말했습니다

용기를 내야 해
사람들이 말했습니다

그래서 나는 용기를
내었습니다

용기를 내서 이렇게
말했습니다

(   )

이규경의 〈용기〉라는 제목의 시다. 과연 시인은 괄호 안에 어떤 말을 담았을까? 대개 익숙한 생각으로는 '난 할 수 있어요'라는 답변이 먼저 떠오를 것이다. 앞에서 이미 넌 할 수 있다고 용기를 주었으니까 말이다. 당연히 할 수 있다는 말을 기대했던 독자에게 시인은 뜻밖의 대답을 선사한다.

　　　나는 못해요

참으로 낯설면서도 멋진 대답이다. 용기는 '할 수 있다'는 범주에서만 나오는 언어가 아니다. 남들이 모두 할 수 있다고 하는 상황에서 나는 못한다고 말하는 것 역시 엄청난 용기가 필요하다. 어쩌면 이게 진짜 용기인지도 모르겠다. 철학이 낯선 혹은 어색한 만남이라고 한다면, 이 시는 당연한 것을 낯설게 만들었다는 점에서 매우 철학적이라고 할 수 있다.

　철학자 하이데거 Martin Heidegger(1889~1976)는 전혀 기대하지 않았던 상황과 만날 때 생각이 발생한다고 했다. 한마디로 생각은 익숙한 상황이 아니라 낯선 상황과의 만남에서 일어난다는 뜻이다. 예를 들어, 길을 건너기 위해 횡단보도에 서 있는데, 아무리 기다려도 빨간불이 파란불로 바뀌지 않는다고 해보자. 일정한 시간이 지나면 신호등이 바뀌어야 하는데, 그렇지 않은 것이다. 이는 익숙한 상황이 아니라 낯선 상황이다. 이때 우리는 '신호등이 고장 났나?' 하고 생각한다. 늘 긴 머리만을 고집하던 친구가 어느 날 짧은 머리를 하고 나타났을 때도, 수십 년 동안 금연을 했던 친구가 다시 담배를 피울 때도 우리는 생각한다. '그 친구에게 무슨 일이 생긴 것은 아닐까' 하고 말이다. 이처럼 낯선 상황과의 만남은 우리를 생각으로 이끄는 기본 조건이 된다.

우리는 살면서 수많은 낯선 상황과 만나지만, 죽음만큼 예기치 못한 만남도 없을 것 같다. 어제까지만 해도 함께 웃고 떠들던 친구가 오늘 갑자기 세상을 떠났다고 해보자. 친구의 사망 소식을 듣고 이를 당연하거나 익숙하게 느끼는 사람은 없을 것이다. 너무도 낯선 상황과 만나면서 우리는 여러 생각을 하게 된다. '왜 그렇게 빨리 떠났을까?' 하고 인생무상을 느끼는 사람도 있을 것이다. 그리고 궁극적으로 '나도 언젠가는 죽게 되겠지' 하고 생각할 것이다. 그동안은 죽음이 남의 일이었는데, 이제 나의 생생한 현실로 다가온 것이다. 죽음이라는 상황이 불편하거나 때로는 무섭게 느껴지기도 한다. 그렇다면 죽음이라는 낯선 상황을 외면하지 않고 있는 그대로 바라볼 수는 없을까? 이 책을 쓰게 된 문제의식도 바로 여기에 있다.

평소 생각生覺이라는 말을 자주 사용한다. 생각을 하면 잠자고 있던 우리 삶生이 깨어난다覺고 믿기 때문이다. 대개 삶의 질적 전환은 이럴 때 찾아온다. 이 책에 등장하는 인물들 또한 예외가 아니다. 붓다는 왕궁이라는 익숙한 상황에서 살다가 성 밖으로 나가서 늙고 병들어 죽은 시체와 마주하게 된다. 이 낯선 상황과 만나면서 붓다는 '과연 삶과 죽음이란 무엇인가?'를 생각하게 된다. 왕자에서 출가 사문으로의 질적 전환은 이러한 낯선 만남에서 시작된 것이다. 마침내 그는 출가를 하고 깨달음을 얻어 역사가 되었다.

이 책 역시 죽음이라는 낯선 상황과 만나 우리의 삶을 일깨우기 위한 목적에서 시작되었다. 우리가 언제 죽을지는 모르지만, 분명한 것은 언젠가는 죽게 된다는 사실이다. 이처럼 자명한 명제가 또 있을까? 그러니 이를 불편하게 여기지 말고 깔끔하게 받아들이자. 죽음을 깊이 사유하고 삶을 주체적으로 창조하는 것은 인간이 누릴 수 있는 최고의 권리다. 우리가 죽음을 철학하는 이유는 다른 데 있지 않다. 이를 통해 현재를 가치 있게 잘 살아보자는 것이다. 우리는 삶과 죽음을 반대 개념으로 생각하지만, 사실 그렇지 않다. 삶은 죽음과 이어져 있다. 어떤 사람이 30년을 살았다면, 그것은 죽음을 향해 30년을 나아갔다는 뜻이기 때문이다. 수많은 철학자가 삶은 죽음과 같다고 지적한 이유이기도 하다.

죽음을 철학하기 위해 동서양의 위대한 종교가나 철학자가 삶의 마지막 순간에 남긴 말이나 묘비명 혹은 선사들의 임종게 등을 살펴보고, 인문학의 근본 물음인 '인간이란 무엇이며 어떻게 살 것인가'를 오늘의 시선에서 성찰해보고자 한다. 한 인물의 마지막 모습에는 그의 삶 전체가 담겨 있다.

그렇기 때문에 잘 죽었다는 얘기는 잘 살았다는 의미가 된다. 이 책에는 붓다와 공자, 이황을 비롯하여 소크라테스, 칸트, 니체 등 많은 인물이 등장한다. 그들이 남긴 유훈이나 묘비명에는 다양한 삶의 모습이 담겨 있다. 진지한 내용들도 있지만, 위트 넘치는 글들도 많다. 개인적으로 기억에 많이 남는 것은 "애쓰지 마세요"라고 쓰인 미국 작가 찰스 부코스키Charles Bukowski(1920~1994)의 묘비명이다. 짧은 이 한마디는 뭔가를 꼭 이루어야 한다는 강박증에 빠져 자신을 돌아볼 여유 없이 사는 현대인들에게 작은 울림을 준다. 그들이 이승과 작별하면서 남긴 유언에는 세계에 대한 깊은 통찰이 담겨 있다.

이 책에는 총 30명의 인물이 등장한다. 각각의 인물마다, 전반부에서는 등장인물의 인상적인 생애나 사상을 요약했으며, 후반부에서는 마지막 유훈이나 묘비명에 담긴 의미를 오늘의 시선에서 해석해보았다. 알베르 카뮈처럼 묘비명이 없거나 순자처럼 유훈을 남기지 않고 떠난 인물들은 그들의 작품에서 어울린다고 생각하는 글을 뽑아 비명으로 삼았다. 중요한 인물이라 생각해서 사심을 담아본 것이다. 이 책에 등장하는 인물은 시간순으로 배열하긴 했지만, 굳이 처음부터 읽을 필요는 없다. 그저 마음이 끌리는 인물을 펼쳐서 읽으면 된다.

묘비명과 관련된 글을 쓴다고 하니까 어느 지인이 나의 묘비명에 뭐라고 쓸 것인지 한번 생각해보라고 조언을 해주었다. 의미 있는 숙제가 될 것 같다. 독자들 역시 이 글을 읽으면서 자신의 묘비명을 지어본다면, 지금의 삶을 훨씬 의미 있고 풍요롭게 가꿀 수 있지 않을까? 나는 그렇게 믿는다.

서양편

1

탈레스

한 치 앞을 보지 말라

Philosophy of
Last Words

"죽음은 삶과 아무런 차이가 없기 때문이오."

Thales
BC625?~BC546?

한 치 앞도 못 보는 최초의 철학자?

서양철학사와 관련된 책을 읽다 보면 항상 맨 앞에 등장하는 인물이 있는데, 그가 바로 탈레스다. '철학의 아버지' '최초의 철학자'라는 닉네임으로 불리는 인물이다. 소크라테스를 제치고 그를 철학의 아버지라고 부르는 이유는 무엇일까? 단순히 그가 소크라테스보다 150여 년 일찍 태어났기 때문이라고 생각하면 큰 오산이다. 그를 철학의 아버지라고 부른 사람도 다름 아닌 소크라테스의 손제자인 아리스토텔레스였다. 그 이유를 찾아 고대 그리스로 여행을 떠나보자.

탈레스는 소아시아 밀레투스라는 곳에서 태어났다. 당시 그리스인들은 지금의 튀르키예 서쪽 지역을 이오니아라고 불렀는데, 밀레투스는 그 남쪽에 위치한 항구 도시였다. 이곳에서는 탈레스 이외에도 아낙시만드로스, 아낙시메네스, 헤라클레이토스 등의 철학자들이 활동했다. 이들을 가리켜 흔히 '밀레투스학파' 혹은 '이오니아학파'라고 부른다. 탈레스는 이 학파를 대표하는 철학자였다.

그리스 식민지였던 밀레투스가 주목받는 이유는 그곳이 바로 철학이 탄생한 지역이기 때문이다. 해양도시라는 특성상 사람들은 다양한 문화와 접촉하고 경제적인 부를 축적할 수 있었다. 이는 곧 전통에 얽매이는 것이 아니라 자유로운 사고를 할 수 있는 배경이 되었다. 이러한 조건이 세계를 체계적으로 이해하려는 그리스 사람들의 성향과 만나 철학의 탄생을 이끈 것이다. 그들은 세계와 만물을 구성하는 근원적인 물질이나 원리가 있다고 생각했는데, 이를 '아르케Arche'라고 불렀다. 예컨대 탈레스는 만물의 근원을 물이라고 했으며, 아낙시메네스는 공기, 헤라클레이토스는 불이라고 보았다. 이처럼 물이나 공기, 불 등의 아르케를 통해 그들은 세계를 체계적으로 이해하려고 했다.

인간을 포함한 모든 존재는 물이 있어야 생명을 유지할 수 있고, 물이 없으면 소멸하고 만다. 탈레스는 이러한 현상을 보고 만물의 근원을 물이라고 생각했다. 오늘의 시선에서 보면 매우 소박하면서도 단순하다고 할 수 있지만, 이러한 생각이 중요한 것은 자연현상의 원인을 초자연적인 힘이 아니라 현실의 물질이나 원리로 파악했기 때문이다. 예컨대 탈레스 이전에 사람들은 하늘에서 번개나 천둥이 일어나면 제우스가 화가 난 것이며, 바다에 풍랑이 높게 일면 포세이돈이 노한 것으로 생각했다. 그런데 탈레스는 이러한 신화적인 세계관에서 벗어나 이성과 사유를 통해 자연현상을 이해하려고 노력했다. 탈레스를 철학의 아버지라고 부르는 이유다.

실제로 그는 이집트의 나일강이 자주 범람하는 것은 북쪽에서 불어오는 계절풍 때문이라고 설명했다. 물론 옳은 설명은 아니지만, 당시로서는 매우 혁명적인 사유라 할 수 있다.

탈레스는 젊은 시절부터 여러 나라를 여행하면서 수학과 기하학, 천문학 등을 공부했다. 그는 그림자의 길이를 이용하여 피라미드의 높이를 측정했으며, 일식을 예언하기도 했다. 언젠가는 밤하늘의 별을 보면서 걷다가 우물에 빠진 일도 있었다. 이를 본 하녀가 웃으면서 "먼 하늘의 이치를 알려고 하면서 한 치 앞도 못 보시네요"라고 말했다. 진리를 추구한다면서 눈앞의 현실도 모르는 철학자들을 비아냥할 때 자주 인용되는 일화다.

그는 운동경기를 관람하다가 갑자기 쓰러져 세상을 떠났다고 알려졌다. 고령의 나이와 몸이 쇠약한 상태에서 심한 고열과 갈증을 일으켰기 때문이라고 한다. 최초라는 이름에 맞는 뭔가 근사한 죽음을 기대했는데, 약간은 실망스럽기도 하다. 《그리스 철학자 열전》에는 그의 마지막 모습을 이렇게 묘사하고 있다.

> "탈레스가 운동경기를 관람하던 날, 맹렬한 태양이 그를 물고 데려갔다. 사실 그 노인은 이 지상에서 더 이상 별들을 볼 수 없었으니까."

죽음, 더 이상 별 볼 일 없는

《그리스 철학자 열전》에는 탈레스의 마지막을 단순하게 전하고 있지만, 이를 통해 그가 삶과 죽음을 어떻게 바라보고 있었는지 조금은 엿볼 수 있다. 탈레스는 삶은 죽음과 조금도 다르지 않다고 생각했다. 그러자 어떤 사람이 "그럼 당신은 왜 아직 죽지 않았소?" 하고 물었다. 그는 이렇게 대답했다.

"죽음은 삶과 아무런 차이가 없기 때문이오."

그에게 삶과 죽음은 별다른 차이가 없었다. 사는 것이 곧 죽는 것이며 죽는 것이 곧 사는 것이라면, 그의 죽음 역시 큰 사건은 아닌 셈이다. 앞서 언급한 것처럼 그저 운동경기를 관람하는 중에 맹렬하게 불타는 태양이 데려갔을 뿐이다. 혹여 만물의 근원은 물인데, 태양이 탈레스의 생명을 유지시킨 물을 모두 빨아들였기 때문이라고 생각한 것은 아닌지 모르겠다. 물을 아르케라고 생각했던 탈레스와 꽤나 잘 어울리는 해석이다.

요즘 20~30대 젊은이들의 사랑과 결혼에 대한 생각을 엿

볼 수 있는 〈이번 생은 처음이라〉는 드라마가 있다. 여기에는 여자 주인공이 나이 스물도 아니고 서른이 되도록 사랑인지 단순한 호의인지조차 구별하지 못하는 자신을 한탄하는 장면이 나온다. 그때 남자 주인공이 이런 대사를 날린다.

> "신피질의 재앙입니다. 스무 살, 서른, 그런 시간 개념을 담당하는 부위가 두뇌 바깥 부분의 신피질입니다. 고양이는 인간과 다르게 신피질이 없죠. 그래서 매일 똑같은 사료를 먹고 똑같은 집에서 매일 똑같은 일상을 보내도 우울해하거나 지루해하지 않아요. 그 친구한테 시간이라는 건 현재밖에 없는 거니까. 스무 살이라서, 서른이니까, 곧 마흔이라서, 시간이라는 걸 그렇게 분초로 나누어서 자신을 가두는 건 지구 상에 인간밖에 없습니다. 오직 인간만이 나이라는 약점을 공략해서 돈을 쓰고 감정을 소비하게 만들죠. 그게 인간이 진화의 대가로 얻은 신피질의 재앙이에요. 서른도, 마흔도 고양이에겐 똑같은 오늘일 뿐입니다."

인상적인 대사라 전체를 인용해보았다. 그런데 드라마 대사와는 다르게, 사실 모든 포유동물에겐 신피질이 있다. 고양이 역시 마찬가지다. 하지만 인간만큼 신피질이 극명하게 발

달한 동물은 없다. 신피질은 대뇌피질 중 가장 최근에 진화한 부위로, 시간 개념, 논리적 사유, 판단 등을 포함한 고차원적인 지적 활동을 담당한다. 즉 '신피질의 재앙'이라는 표현은 유의미하다. 실제 신피질이 재앙이라면 인간이 고양이보다 나을 것이 별로 없는 셈이다. 삶과 죽음, 어제와 오늘, 젊음과 늙음, 서른과 예순 등 시간을 구분하면서 과거의 기억속에, 미래의 기대 혹은 불안 속에 현재라는 시간을 가두고 있으니 말이다. 하녀는 탈레스에게 한 치 앞도 못 본다고 했지만, 그에게 중요한 것은 미래가 아니라 별을 보고 있는 지금 이 순간이었다. 그러니까 탈레스가 우물에 빠진 일은 가까운 현실을 몰랐던 것이 아니라, 오히려 현실에 충실했다는 의미가 된다. 그의 삶에서 한 치 앞은 지금보다 큰 의미가 없었던 것이다.

그리고 궁극적으로 우리는 한 치 앞, 그러니까 미래의 일을 알 수 있을까? 한 치 앞도 모르는 게 인생이라는 말이 괜히 있는 것이 아니다. 요즘엔 '시계 제로'라는 신조어를 사용하여 정치·경제·사회 등 모든 분야에서 한 치 앞도 예측하기힘든 상황을 설명하기도 한다. 소크라테스가 했다고 알려진 '너 자신을 알라'는 말이 《그리스 철학자 열전》에는 탈레스가 말한 것으로 기록되어 있으며, 자기 자신을 아는 것이 가장 어려운 일이라는 내용도 덧붙여 있다. 이것이 사실이라면 그는 우리에게 너 자신이 한 치 앞도 모른다는 것을 알아야 한다고 강조하고 있는 셈이다. 죽음 역시 마찬가지다. 언젠가 죽는다는 것은 분명하지만 그 시점을 정확히 알 수는 없다. 그렇기 때문에 죽음이니 삶이니 구분해서 그 안에 구속되지 말고, 현재에 충실하면서 자유롭게 사는 일이 중요하지 않을까? 탈레스는 성실하게 별을 관찰하면서 살다가 더 이상 '별 볼 일 없어서' 태양 속으로 사라진 것이 아닐까?

과거나 미래라는 시간에 사로잡혀 현재를 사는 것이 신피질의 재앙이라면, 그 구속에서 벗어나는 길도 있게 마련이다. 그것이 바로 신피질이 재앙이라는 생각을 낯설게 만드는 일이다. 신피질을 재앙으로 만들 것인지, 아니면 축복으로 만들 것인지는 각자의 마음에 달려 있다. 재앙이라는 생각을 낯설게 함으로써 현재를 '있는 그대로' 살 수 있는 지혜 또한 신피질에서 나오니까 말이다. 탈레스에게 신피질은 별 볼 일 없을 때까지 철학적으로 열심히 살다 간 축복이었다. 오늘 우리가 그를 주목하는 이유도 바로 여기에 있다.

소크라테스

무지를 자각하라

Philosophy of
Last Words

"닭 한 마리를 빚졌네.
갚아주면 고맙겠네."

Socrates
BC470-BC399

죽음 앞에서 당당한 철인

몇 해 전 가수 나훈아가 새롭게 발표한 노래 한 곡으로 갑자기 소크라테스가 21세기 역사에 소환되었다. 바로 〈테스 형〉이란 곡인데, "아! 테스 형, 세상이 왜 이래"라는 노랫말이 진보와 보수 두 진영에서 서로 다르게 해석되면서 그 진의가 무엇인지 논쟁이 되기도 했다. 문득 소크라테스라면 어떤 반응을 보였을지 궁금했다. 아마 이렇게 얘기하지 않았을까? 그 뜻을 정확히 아느냐고. 보고 싶은 대로만 보지 말고, 보고 싶은 대로만 보는 너 자신을 들여다보라고. 그러면 그의 바람대로 자신을 알 수 있을까?

"악법도 법이다."
"너 자신을 알라."

소크라테스의 말이라고 전해지는 문장이다. 철학에 관심이 없는 사람도 들어봤을 말이지만, 실제는 그가 한 말이 아니다. 죽으면서 '악법도 법'이라 했다는 것도 근거 없는 얘기다. 역사적으로 이 말은, 아무리 나쁜 법이라 하더라도 법이기 때문에 지켜야 한다는 식으로, 독재를 옹호하거나 일본의 식민 통치를 정당화하기 위한 논리로 많이 악용되었다. 소크라테스 입장에서 보면 매우 억울한 일이다. 그에게는 죽음을 택할지언정 악법에 순응할 생각이 조금도 없었기 때문이다.

그리고 '너 자신을 알라'는 말은 델포이 신전에 새겨진 것인데, 《그리스 철학자 열전》에는 탈레스가 한 말이라고 되어 있다. 그럼에도 이 구절은 세계와 인간, 학문을 대하는 소크라테스의 태도와 매우 잘 어울린다. 그는 이 말의 의미를 자각하고 평생의 교훈으로 삼았으며 사람들을 향해 이를 실천해야 한다고 강조했기 때문이다. 지적 교만이 아니라 겸손을 중시한 것이다. 어느 날 누군가 소크라테스에게 너는 너 자신을 아느냐고 비웃으면서 물었다. 이때 그는 이렇게 답했다.

"나는 아무것도 모른다. 그러나 내가 모른다는 것을 나는 알고 있다."

상대로 하여금 할 말을 잃게 만드는 사자후다. 이를 흔히 '무지無知의 지知'라고 한다. 자신이 모른다는 것을 안다는 뜻이다. 그러나 이러한 태도를 불편하게 바라보는 사람들이 있었다. 당시의 권력자나 소피스트들이었다. 그들 역시 비판의 대상에서 예외가 아니었기 때문이다. 그들은 소크라테스의 날카로운 비판에 인신공격으로 대응했다. 그의 작은 키와 벗겨진 머리, 못생긴 외모 등을 문제 삼았던 것이다. 이에 그치지 않고 급기야 그들은 70대 노인을 아테네 법정에 세우고 만다. 아테네의 젊은이들을 타락시키고 국가가 인정한 신을 부정했다는 죄목으로.

당시 많은 사람이 역사적인 재판에 관심을 가지고 지켜보았다. 직접 배심원으로 참가하기를 희망한 아테네 시민은 6,000명에 이르렀고, 그 가운데 500명이 선정되었다. 재판은 두 차례에 걸쳐 이루어졌다. 1차는 피고인의 유무죄를 가리는 재판인데, 배심원 투표 결과 280 대 220으로 소크라테스의 유죄가 확정되었다. 철학하는 삶을 그만둔다면 석방하겠다는 배심원들의 요구에 그는 거절하면서 이렇게 말한다.

"음미하지 않는 삶은 가치가 없다."

철학자에게 삶은 단순한 생존을 넘어선 음미와 사유의 과정이었던 것이다. 2차 재판은 형량을 정하는 과정이었는데, 그는 여기서도 자신은 죄가 없다고 당당하게 변론했다. 이러한 태도에 심기가 불편해진 배심원들은 360명의 압도적인 찬성으로 사형을 선고했다. 사형이 결정된 이후에도 제자들이나 친구들은 소크라테스에게 망명이나 탈옥을 하도록 권했다.

당시는 적은 금액의 뇌물만 쓰더라도 쉽게 풀려날 수 있는 상황이었다. 그는 이를 용납할 수 없었다. 감옥에서 도망치는 것 자체가 그들의 결정이 옳았음을 인정하는 일이기 때문이었다. 소크라테스에게 정의와 진리는 생명보다 훨씬 중요한 가치였다. 그는 노인으로 사는 대신 떳떳한 철인으로 죽는 길을 선택했다. 배심원들을 향해 이렇게 외칠 수 있었던 이유다.

"나는 차라리 죽을지언정 옳지 않은 일에 결코 복종하지 않겠다."

철학, 무지를 자각하는 삶

탈레스를 비롯한 고대 자연철학자들은 '만물의 근원, 아르케가 무엇인가?'에 대한 문제의식을 갖고 물이나 불, 공기와 같은 자연물에서 그 해답을 찾고자 했다. 그런데 소크라테스에 이르러 관심의 대상이 자연에서 인간으로 옮겨 가게 된다. 철학의 주제도 어떻게 살아야 참다운 인간이 될 수 있을까 하는 것에 집중되었다. 소크라테스의 주요 관심사도 부와 세속적인 명예가 아니라 지혜와 진리를 추구하는 것이었다. 그가 너 자신을 알아야 한다고, 진리에 겸손해야 한다고 강조한 이유도 여기에 있다.

　동서양을 막론하고 위대한 철인들은 스스로에게 끊임없이 질문을 던지면서 앎에 대해 겸손한 태도를 보였다. 공자는 《논어》에서 "아는 것을 안다고 하고 모르는 것을 모른다고 하는 것이 진정으로 아는 것이다"라고 했다. 고려 때 보조국사 지눌은 《수심결》에서 "다만 알지 못한다는 것을 알면 이것이 곧 견성見性이다"라고 했다. 어설프게 알거나, 온갖 왜곡과 편견, 어리석음으로 가득 차 있으면서 부끄러운 줄 모르고 아는 체하는 이들에게 서릿발 같은 가르침을 준다.

　철학은 무지와 어리석음의 잠 속에 빠져 있는 삶을 일깨우는 지적 활동이다. 소크라테스에게 그것은 다름 아닌 나 자신이 모른다는 것을 자각하는 일이었다. 그런데 사람들은 이를 모른 채 살아간다. 아직 잠에서 깨어나지 못한 것이다. 그는 아테네 젊은이들에게 끊임없이 질문을 던지면서 스스로 깨어나야 한다고, 음미하는 삶을 살아야 한다고 강조했다. 그는 마지막까지 배심원들의 무지를 깨우치려 애썼지만, 그들의 어리석음은 위대한 철학자를 죽음으로 내몰고 말았다. 무지와 편견이 진리와 정의를 죽인 것이다.

　최근 몇 년간 코로나19 바이러스가 전 세계를 강타했다.

그 과정에서 바이러스에 대한 무지로 인해 적지 않은 혼란이 발생하기도 했다. 바이러스는 신과 인간, 종교를 가리지 않는다. 다만 마스크 쓰기나 사회적 거리 두기 등 방역 수칙을 지키지 않는 사람들을 좋아할 뿐이다. 신의 은총으로 코로나19에 감염되지 않을 것이라 믿는 것은 자유지만, 그것을 진리라고 말하는 것은 억지에 불과하다.

아테네 배심원들도 소크라테스가 젊은이들을 타락시켰다고 믿은 것이지 결코 안 것이 아니었다. 그들의 무지가 소크라테스를 죽인 것처럼, 바이러스에 대한 무지가 선량한 사람들의 귀한 생명과 건강을 위협한 것은 아닌지 돌아볼 일이다. 이때 필요한 것이 무엇일까? 소크라테스의 지적처럼 코로나19에 대해 잘 모른다는 것을 자각하는 일이다. 그래야 바이러스의 실체에 대해 '있는 그대로' 알려고 노력할 것이며, 안전한 치료제와 백신을 개발할 수 있기 때문이다.

그런데 세계보건기구WHO는 코로나19가 유행하기 시작할 당시 바이러스는 더위에 약하기 때문에 전 세계로 퍼지는 팬데믹은 없을 것이라고 발표했다. 모두가 아는 것처럼 이 예상은 보기 좋게 빗나가고 말았다. 지금 돌이켜보면, WHO는 기존의 지적 체계로 접근할 것이 아니라 새로운 바이러스의 출현에 겸손했어야 했다. 모른다는 자각, 즉 지적 교만이 아니라 겸손이 필요했던 것이다. 앞으로 인류에게 다가올 수

많은 새로운 바이러스를 지혜롭게 맞이하기 위해서라도 이번 사건이 반면교사가 되었으면 좋겠다. 모른다는 자각은 오늘에도 여전히 필요한 삶의 지혜다.

무지와 편견을 불교에서는 '색色'이라는 한 글자로 압축하고 있다. 색은 온갖 차별과 편견, 무지를 상징하는 단어인 셈이다. 그러한 색깔을 텅 비우는 것이 다름 아닌 색즉시공色卽是空에 담긴 의미다. 한마디로 편견과 무지의 색깔 지우기라고 할 수 있다. 대상을 있는 그대로 보는 '여실지견如實知見'은 이때 나오는 지혜의 빛이다. 이것이 곧 우리 안에 잠자고 있는 무지를 일깨우는 일, 즉 철학하는 삶인 것이다. 소크라테스는 평생 이를 실천하다가 철학적으로 죽은 인물이다. 이승을 떠나면서 친구에게 남긴 그의 마지막 말이다.

"크리톤, 아스클레피오스에게 닭 한 마리를 빚졌네. 갚아주면 고맙겠네."

참으로 심플한 말이다. 나훈아가 테스 형을 향해 "세상이 왜 이래"라고 한 것은 어쩌면 정치와 종교, 바이러스를 막론하고 보고 싶은 대로만 보는 세상의 무지를 향한 하소연이 아니었을까?

소크라테스

플라톤

죽음을 연습하라

Philosophy of
Last Words

"절제와 정의의로운 성격의,
죽은 자가운데서도 뛰어난,
신과도 같은 플라톤,
여기에 잠들다."

Platon
BC428–BC348

스승을 기록하는 삶

육체적 관계가 아닌 순수하고 고귀한 정신적 사랑을 가리켜 흔히 '플라토닉 러브'라고 한다. 플라톤은 도대체 어떤 삶을 살다 갔기에 가장 숭고한 사랑이란 단어 앞에 그의 이름이 붙은 것일까? 그는 현실보다는 이상을, 감성보다는 이성을, 육체보다는 영혼을 사랑한 철학자였다. 눈에 보이는 사물이나 인간들은 시간이 지나면 언젠가 소멸하게 된다. 그는 이처럼 변화하는 세계가 아니라 영원불멸하는 실재, 즉 이데아Idea가 있다고 생각하고 추구했다. 그 이상적인 세계를 젊은이들에게 전하기 위해 학문의 전당인 아카데미아Acadēmeia를 창립하기도 했다. 플라토닉 러브와 이데아, 아카데미와 같은 말들이 오늘날에도 쓰이고 있다는 것은 플라톤이 사람들의 마음에 살아 있다는 방증이다.

플라톤은 아테네의 명문가 집안에서 태어난 전도유망한 청년이었다. 그러나 소크라테스의 죽음은 그의 삶을 온통 바꾸어놓았다. 가장 존경하는 스승이 죽어가는 모습을 옆에서 지켜본 제자의 마음은 어땠을까? 소크라테스는 도저히 납득할 수 없는 이유로 사형 선고를 받았지만, 아무런 저항 없이 묵묵히 독배를 마셨다. 31세의 청년은 진리를 위해 기꺼이 죽음을 선택한 스승을 바라보면서 생각했다. '도대체 진리가 무엇이기에 죽음 앞에서도 그렇게 초연할 수 있는 것일까? 나도 스승처럼 진리를 위해 죽을 수 있을까?'

이런 생각을 하면서도 그는 스승을 죽음으로 이끈 아테네의 민주정치에 환멸을 느끼고 극도의 분노를 드러냈다. 당시는 외국인과 여성, 노예를 배제한 아테네 시민들이 직접 정치에 참여하여 의사를 결정하는 체제였다. 이러한 직접 민주주의가 좋아 보일지 몰라도 시민들이 이성적으로 깨어 있지 않으면 우민정치로 흐를 위험성이 항상 도사리고 있었다. 플라톤은 아테네 시민들의 무지와 군중 심리가 스승인 소크라테스를 죽였다고 생각했다. 그래서 그는 시민들이 직접 정치에 참여하는 제도를 반대하는 한편, 지혜를 사랑하고 선과 악을 구분할 줄 아는 철인哲人이 왕이 되어야 한다고 주장했다.

스승의 죽음 이후 그는 요즘 말로 멘붕에 빠진다. 플라톤은 아테네를 떠나 이집트와 키레네 등 여러 나라를 여행하면서 아픈 상처를 치유하고 싶었지만, 마음속엔 항상 소크라테스가 자리하고 있었다. 스승을 허무하게 보낼 수 없다고 생각한 플라톤은 소크라테스의 가르침을 후세에 남기기로 결심한다. 그는 스승이 배심원들 앞에서 당당하게 논리적으로 변론하는 모습이나, 죽기 전 사랑하는 벗들과 나눈 이야기를 모두 기억해내고 기록했다. 36권에 달하는 방대한 양의 《대화편》은 그 흔적이다.

누군가의 마지막 모습을 눈앞에서 지켜본 사람의 무의식에는 죽음에 대한 생각이 똬리를 틀게 마련이다. 필자가 이 글을 쓰게 된 것도 어찌 보면 어린 시절 죽음을 목격한 기억이 무의식에 자리하고 있기 때문은 아닌지 모르겠다. 플라톤은 《파이돈》에서 스승인 소크라테스의 말을 빌려 '철학은 죽음의 연습'이라고 했다. 이 말은 죽음을 준비하는 삶이 곧 철학이라는 의미다. 도대체 죽음이 무엇이며 죽으면 어떻게 되기에 연습까지 해야 할까? 죽음을 연습하는 삶과 그렇지 않은 삶이 질적으로 다르다는 뜻일까?

플라톤은 여행을 마치고 아테네로 돌아와 아카데미아를 설립하고 20년 동안 젊은이들을 가르친다. 그리고 스승을 기록하다가 생을 마감한다. 플라톤의 죽음에는 몇 가지 설이 있다. 81세의 나이에 어느 결혼식에 참석했다가 피로연에서 죽었다고 하며, 책상 위에서 조용히 영면했다고도 한다. 이와는 달리 흥미로운 이야기도 전하는데, 슬증蝨症 그러니까 이에 감염되어 죽었다는 것이다. 그의 죽음에 대해 다양한 이야기가 전하는 것처럼, 묘비명도 다양한 버전이 전해진다. 그 가운데 플라톤의 삶과 어울린다고 생각하는 구절을 뽑아 보았다.

"절제와 정의로운 성격의, 죽은 자 가운데서도 뛰어난, 신과도 같은 플라톤, 여기에 잠들다."

철학, 죽음의 연습

플라톤은 서양철학이라는 건물의 뼈대를 세운 인물이다. 그는 단순히 스승을 기록한 것이 아니라 자신만의 철학적 체계를 완성했다. 그가 세운 철학적 기초는 지금까지 많은 이에게 지대한 영향을 끼치고 있다. 영국의 철학자 화이트헤드Alfred North Whitehead(1861~1947)가 "서양철학사는 플라톤의 각주에 불과하다"고 말한 이유다. 마치 위대한 록밴드 비틀스 이후의 음악은 그 아류에 불과하다고 평가하는 것과 비슷하다. 지나친 면이 없지 않지만, 그만큼 영향력이 컸다는 의미다.

그렇다면 플라톤 철학의 근간을 이루고 있는 이데아란 무엇일까? 벽돌을 예로 들어보자. 하나의 벽돌을 완성하기 위해서는 그것을 만드는 사람과 재료, 벽돌을 찍어내는 틀이 필요하다. 그 가운데 벽돌의 재료인 모래나 사람은 소멸하거나 변할 수 있지만, '벽돌'이라는 형상form 자체는 영원히 남게 된다. 그렇기 때문에 그 형상만 기억한다면 언제 어느 곳에서든 벽돌을 만들 수 있다. 이는 벽돌뿐만 아니라 의자나 책상 할 것 없이 모든 사물에 적용된다. 마찬가지로 재료에 해당하는 개별 인간은 언젠가는 죽게 되지만, '사람'이라는 형상만은 변하지 않는다. 그 형상이 바로 플라톤이 말한 이데아다. 한마디로 이데아가 원본이라면, 현실 세계는 복사본이라고 할 수 있다.

플라톤은 인간의 육체는 시간이 지나면 소멸하지만 영혼은 불멸한다고 생각했다. 그에 의하면, 사람이 죽으면 그가 이승에서 어떻게 살았는가에 따라 다음 세상이 결정된다고 한다. 선하게 살았다면 영혼은 이전보다는 좀 더 나은 환경에서 태어나지만, 악하게 살다 죽으면 좋지 않은 몸을 받게 된다는 것이다. 이는 마치 자신이 저지른 죄의 경중에 따라 형벌이 정해지는 것과 같은 이치다. 그는 인간의 육신을 전생에 지은 잘못으로 갇히게 되는 일종의 감옥과도 같은 곳이라고 생각했다.

영혼이 다음 세상으로 가는 여정 또한 매우 흥미롭다. 사람이 죽으면 영혼은 뜨거운 태양이 이글거리는 들판을 건너야 한다. 들판이 끝나는 지점에 강이 하나 나타나는데, 바로 레테강이다. 흔히 '망각의 강'이라 불리는 곳이다. 그 강물을 마시면 전생의 기억은 모두 사라지고 다음 세상에서 새로운 몸으로 태어나게 된다. 윤회적 사유가 플라톤의 마음에 자리하고 있었던 것이다.

앞서 언급한 것처럼, 육체는 영혼을 구속하는 감옥이다. 그는 영혼이 이 세상으로 돌아오지 않고 육신으로부터 완전히 벗어나 행복이 가득한 낙원에 이르는 것을 꿈꿨다. 그런데 영혼이 해방되기 위해서는 어쩔 수 없이 죽어야 한다. 그것도 아주 잘 죽어야 한다. 그렇지 않으면 다음 생을 받아 또다른 감옥살이를 하기 때문이다. 결국 잘 죽기 위해서는 이승에서 아주 잘 살아야 한다는 뜻이 된다. 그런데 우리의 육체는 선하고 이성적으로 살지 못하도록 끊임없이 방해한다. 예컨대 성적인 쾌락이나 많은 것을 소유하려는 탐욕 등이 영혼의 발목을 잡고 있는 것이다.

그렇다면 어떻게 해야 할까? 방법은 하나뿐이다. 바로 육신으로 더럽혀진 영혼을 깨끗이 정화하는 일이다. 그러기 위해서는 절제와 금욕적인 생활, 선하고 정의로운 삶이 수반되어야 한다. 절제와 금욕이 육체의 자유를 구속하는 것이라 생각할지 몰라도 그에게는 오히려 욕망으로부터 자유를 얻는 길이었다. 이를 통해 비로소 우리의 영혼은 더 이상 윤회하지 않고 행복만이 가득한 낙원으로 가는 것이다. 그곳은 정화된 영혼만이 갈 수 있는 구원의 세계다. 플라톤의 묘비명 가운데 "절제와 정의로운 성격"으로 묘사한 글을 소개한 이유도 바로 여기에 있다. 그는 죽는 연습, 아니 잘 사는 연습을 실천했던 철학자였다.

오랜만에 플라톤을 펼쳐보면서 불교의 업과 윤회, 해탈의 가르침이 자꾸만 오버랩되었다. 지은 대로 받는 시스템이나 윤회로부터 벗어나는 해탈이 불교의 궁극적 목표라는 점에서 그랬다. 그런데 궁금하기는 하다. 플라톤은 과연 '그곳'으로 가서 스승과 영원한 삶을 누리고 있는지 말이다. 《그리스 철학자 열전》의 저자로 알려진 디오게네스 라에르티오스도 플라톤의 비문을 지었는데, 그는 마지막 문장을 이렇게 마무리하고 있다.

"플라톤, 영원히 죽지 않는 영혼의 의사일지니."

마음의 상처로 고통받고 있는 누군가에게 플라톤은 오늘에도 여전히 영혼을 치유하는 의사로 남아 있다. 그가 남긴 책을 읽으면서 스스로를 치유하고 있는 것이다. 그 과정에서 우리는 자연스럽게 잘 죽는 연습을 하고 있는 것은 아닐까? 그렇게 믿고 싶다.

디오게네스

폼 잡지 말라

Philosophy of
Last Words

"그대의 영예는 영원히 썩지 않으리.

그대만이 홀로 죽어야 할 자들에게

자족하는 방법과 가장 쉬운 삶의 길을 가르쳤으므로."

Diogenes
BC412?~BC323?

개 같은 철학자

제목이 무척 민망하다. 사람을 개에 비유했으니 말이다. 그
것도 보통 사람이 아니라 당시 위대한 정복자로 불리던 알렉
산더대왕Alexandros(BC356~BC323) 앞에서도 전혀 주눅 들지
않고 위풍당당했던 철학자가 아니던가. 디오게네스는 알렉
산더가 찾아와 소원이 있으면 말해보라고 하자, 햇빛 가리니
비키라고 일갈했던 사람이다. 왕은 가진 것 하나 없지만 당
당하면서도 자유로운 철학자가 무척 부러웠다.

> "내가 알렉산더가 아니라면 나도 디오게네스처럼 살고
> 싶네."

보통의 경우라면 왕의 이런 찬사에 겸손할 만도 한데, 그는
전혀 그렇지 않았다.

> "내가 디오게네스가 아니라면, 나도 디오게네스처럼 살고
> 싶네."

디오게네스

생각할수록 매력적인 인물이다. 그러니 왕이라고 폼을 잡은 들 무슨 소용이 있겠는가. 왕은 깔끔하게 인정하고 발걸음을 돌린다. 이렇게 멋진 디오게네스를 개 같은 철학자라고 말해서 민망하긴 하지만, 이보다 더 그를 잘 표현할 방법이 있는 것도 아니다. 디오게네스 스스로 자신이 개임을 자처하면서 살았기 때문이다. 사람들이 그에게 뼈다귀를 던지면서 조롱하자 개처럼 한 발을 들고 오줌을 갈겨댔던 일화가 전하기도 한다. 당황해하는 그들을 향해 디오게네스는 호탕하게 웃으면서 이렇게 소리친다.

"나는 개다!"

디오게네스는 견유학파犬儒學派, Cynicism를 대표하는 인물이다. 견유란 글자 그대로 '개 같은 지식인'이란 뜻이다. 당시 사회적 관습이나 권위를 따르지 않고 자연적인 삶을 추구했던 사람들을 가리킨다. 우리가 흔히 냉소적인 사람을 영어로 시니컬cynical하다고 하는데, 여기에서 유래한 말이다. 시닉cynic은 본래 개canine에서 나온 단어다. 그런데 견유학파가 사회를 냉소적으로 바라본 것만은 아니다. 그들은 겉으로는 정의와 명예를 내세우면서도 속으로는 부정부패와 사치, 위선에 빠진 권력자들을 적극적으로 비판했다. 한마디로 부와 권력, 명예라는 폼 좀 그만 잡고 주어진 본능에 충실하면서 정직하게 살아야 한다고 쓴소리한 것이다.

그는 폼 잡고 사는 대표적인 철학자로 플라톤을 꼽았다. 플라톤은 아테네라는 도시국가에서 전통적인 철학의 틀, 즉 폼을 만든 인물이지만, 디오게네스는 그 폼을 허세라고 생각했다. 플라톤은 그를 개라고 부르면서 모욕을 주기도 했으며, 디오게네스는 플라톤의 집에 깔린 고급 카펫을 일부러 밟아 더럽히기도 했다. 허세 좀 그만 부리라는 것이다. 앞서 언급한 것처럼 플라톤은 이데아, 즉 폼(형상)을 만물의 본질이라고 생각한 인물이다. 예컨대 책상이나 술잔이 현실적으로 존재하기 위해서는 '책상'이나 '술잔'의 틀이 먼저 있어야 한다는 뜻이다. 그러자 디오게네스는 시니컬하게 이렇게 말한다.

"내 눈에는 책상과 술잔밖에 보이지 않는데, 도대체 이데아는 어디에 있는 거야?"

한번은 플라톤이 '인간은 털 없는 두 발 동물'이라고 정의한 적이 있었다. 사람들이 플라톤의 지적인 모습에 갈채를 보내자, 디오게네스는 털을 모두 뽑아버린 닭 한 마리를 들고 나타나서 "플라톤이 말한 인간이 여기 있습니다"라고 말했다.

지적이고 관념적인 사유가 현실 앞에서 한 방에 무너지는 순간이다.

그는 평소 육체를 단련하는 일을 중시했다. 여름에는 뜨거운 모래사장 위에서 몸을 뒹굴었으며 겨울에는 눈 덮인 조각상을 끌어안고 추위를 견디는 훈련을 했다. 그런 연유 때문인지 디오게네스는 90세까지 건강하게 살았다고 전한다. 하지만 그도 세월 앞에서는 어쩔 수가 없었다. 그의 죽음과 관련해서 몇 가지 서로 다른 이야기가 전한다. 스스로 숨을 참아 자살했다고도 하며, 살아 있는 문어를 삼키다가 목에 걸려 죽었다고도 한다. 산 갈거미를 먹고 콜레라에 걸려 죽었다는 설도 전한다. 그는 자신이 죽은 후에 매장하지 말고 야수의 먹이가 되도록 버려두거나 강물에 그냥 던지라는 유훈을 남겼다. 주위 사람들에게 폐를 끼치고 싶지 않았던 것 같다. 마지막까지 폼 잡지 않고 미련 없이 간 셈이다. 하지만 사람들은 청동으로 만든 동상을 세우고 다음과 같은 시를 지어 그를 추억했다.

"청동도 세월이 지나면 늙는 것. 하지만 디오게네스여, 그대의 영예는 영원히 썩지 않으리. 그대만이 홀로 죽어야 할 자들에게 자족하는 방법과 가장 쉬운 삶의 길을 가르쳤으므로."

본능을 따르는 삶

호랑이는 죽어서 가죽을 남기지만, 사람은 이름을 남긴다고 했다. 호랑이가 남긴 가죽 역시 세월이 지나면 소멸하게 마련이다. 하지만 사람의 이름은 쉽게 사라지지 않는다. 그 이름 속에 인간이란 무엇이며, 어떻게 살 것인가에 대한 철학적 성찰이 담겨 있기 때문이다. 수천 년 전의 인물을 쓰고 있는 이유이기도 하다. 묘비명에 드러나는 것처럼, 디오게네스는 우리에게 자족하는 삶과 가장 쉬운 삶의 길을 보여주었다. 그렇다면 '가장 쉬운 삶'이란 무엇이며, 그 안에 어떤 인문학적 의미가 담겨 있을까?

디오게네스는 인간의 자연스러운 욕구, 주어진 본능에 충실했다. 그러한 욕구는 사회적 약속이나 관습이라는 이름으로 결코 억압해서는 안 된다. 스스로 만족하고 욕구를 조절할 수 있는 힘 역시 타고난 본능이기 때문이다. 그는 이를 '개'라는 상징을 통해 보여준다. 흔히 개를 탐욕스러운 동물이라고 생각하지만, 이는 인간의 편견에 불과하다. 예컨대 3일을 굶은 개에게 음식을 주더라도 어느 정도 배가 채워지면 더 이상 먹지 않는다. 아무리 목이 마르다고 해도 물을 무한정 마실 수는 없는 법이다. 이는 인간이라고 해서 다르지 않다. 한마디로 인간을 포함한 모든 동물의 욕구는 한계가 있기 때문에 자족할 줄 안다는 뜻이다.

그런데 인간은 이처럼 쉬운 자족의 삶을 외면하고 제도와 관습, 자본, 권력이라는 이름의 어려운 길을 수없이 만들면서 살아간다. 어디를 향하는지, 무엇을 위하는지도 모른 채 말이다. 디오게네스 눈으로 보면 그것들은 자신의 타고난 본래 모습을 가리는 가면일 뿐이다. 그 가면 뒤에 숨어서 스스로를 속이면서 살아가는 것이다. 오늘날 사람들은 고가의 자동차나 아파트, 돈을 앞세우면서 그것들이 마치 자신의 진짜 모습인 것처럼 행동한다. 그러한 것들은 폼, 가면에 불과하다. 분명한 것은 폼을 잡는다고 해서 폼 나는 것은 아니라는 사실이다.

그렇다면 오늘의 우리가 폼 잡고 가면을 쓰면서 살아가는 이유는 무엇일까? 한마디로 두렵기 때문이다. 돈, 권력, 명예라는 가면을 벗었을 때 남는 것은 오로지 그 사람의 삶의 흔적인 인격일 뿐이다. 사람들은 그 맨 얼굴이 드러나면 외면당하지 않을까 하는 두려움을 안고 있다. 그래서 자꾸만 가면 속에 자신을 숨기면서 살고 있는 것이다. 자기소외와 불안, 고독이라는 아픈 대가를 치르면서 말이다. 스스로 만든 가면 뒤에 숨어 살면서 그것이 두려워 벗지를 못하고 있으니, 디오게네스 눈으로 보면 참으로 한심한 노릇이다.

어느 날 그리스의 한 부자가 자신의 부를 자랑하려고 디오게네스를 자신의 집에 초대한 적이 있었다. 집주인은 집 안이 더럽혀질 수 있으니 조심해달라고 간곡히 부탁했다. 그런데 그는 갑자기 주인 얼굴에 침을 뱉고 말았다. 예기치 못한 행동에 몹시 화가 난 주인이 이유를 묻자, "이보다 더러운 곳을 찾지 못해서"라는 대답이 돌아왔다. 가면을 쓰면서 폼 잡고 사는 이들을 향한 사자후였다. 어쩌면 디오게네스의 몰골이 더러운 것이 아니라, 그것을 더럽다고 생각한 주인의 마음이 훨씬 더러운 것은 아니었을까?

디오게네스는 자신의 본능에 충실하면서 정직하고 자유롭게 살았던 철학자다. 한마디로 폼 잡지 않았지만 폼 나는 삶을 살았다. 반면 당대 최고 권력자인 알렉산더는 가장 폼 잡는 삶을 살았지만 폼 나는 삶을 살지 못했다. 권력이라는 가면으로 인해 그의 아버지 필리포스 2세는 살해당했으며, 어머니는 돌에 맞아 죽었다. 이 모든 아픔을 잊기 위해 젊은 정복자가 찾은 방법은 술에 의지하는 것이었다. 그는 거의 매일 4리터가량의 포도주를 마셨다. 그날도 알렉산더는 5리터나 되는 많은 양의 술을 마신 후 쓰러지고 말았다. 그리고 열흘 동안 일어나지 못했다. 33세의 권력자는 그렇게 폼을 구긴 채 요절하고 말았다. 디오게네스처럼 살고 싶다는 그의 말이 결코 농담은 아니었던 것이다.

디오게네스는 가면을 쓰고 사는 우리에게 근원적인 질문을 던진다. 왜 그렇게 쉬운 길을 놔두고 어렵게 사느냐고 말이다. 그러니 외로울 수밖에 더 있겠는가. 개는 폼도 잡지 않고 가면도 쓰지 않는다. 그저 주어진 본능대로 살아갈 뿐이다. 인문학은 폼 잡는 학문이 아니라 폼 나게 살기 위한 공부다. 우리가 디오게네스의 철학을 음미하고 오늘의 시선에서 그 의미를 성찰하는 이유다. 글을 쓰는 내내 그가 이렇게 말하는 것 같았다.

'이제 폼 좀 그만 잡고 가면을 벗지!'

에피쿠로스

행복이 길이다

Philosophy of
Last Words

"빛들이여, 안녕.

부디 내가 가르친 것을 잘 기억하기를."

Epicurus
BC341~BC271

소확행의 원조

인문학은 철학과 역사, 문화 등 다양한 분야를 포괄하고 있지만, 결국 '인간이란 무엇이며, 어떻게 살 것인가?'라는 두가지 물음으로 압축된다. 우리가 이러한 질문을 던지는 이유는 삶의 궁극적인 목적이 행복에 있기 때문이다. 그렇다면 행복이란 무엇이며, 어떻게 살아야 행복할 수 있을까? 이에 대한 답은 개인 성향에 따라 다를 수밖에 없다. 예컨대 아리스토텔레스는 최고의 행복은 관조적인 삶에 있다고 했으며, 쇼펜하우어는 삶은 고통의 연속이기 때문에 이에서 벗어나려면 철저한 금욕 생활을 해야 한다고 강조했다. 어떤 이들은 부와 권력, 명예, 건강 등에서 행복을 찾기도 한다. 요즘엔 소확행, 즉 작지만 확실한 행복을 추구하는 사람들이 늘어나고 있다. 행복을 바라보는 시각은 다양하지만, 행복이 최고의 선善이라는 데는 대체로 동의하는 것 같다. 이보다 우선하는 가치는 없다는 뜻이다.

에피쿠로스는 그 누구보다 행복에 대해 분명한 입장을 표방한 철학자다. 그는 쾌락주의로 알려진 에피쿠로스학파의 창시자로서, 철학의 목적이 쾌락에 있다고 주장했다. 에피쿠로스는 인간의 삶을 쾌락과 고통 또는 행복과 불행 두 가지로 단순화했다. 그에게 쾌락과 행복은 선한 것이며, 고통과 불행은 악한 것이었다. 그렇기 때문에 우리가 행복하기 위해서는 고통을 멀리하고 쾌락을 가까이 하면 된다. 문제는 이것이 간단한 것 같지만, 결코 그렇지만은 않다는 데 있다. 육체적이고 감각적인 쾌락을 추구하다 보면, 오히려 정신적 고통을 불러올 수 있기 때문이다. 아무리 채워도 채워지지 않고 오히려 정서적 불안이나 공허감만 남게 되는 것이다.

그렇다면 어떻게 해야 진정 행복할 수 있을까? 결론부터 말하면, 소유욕과 소유물, 즉 자신이 바라는 것과 현재 가지고 있는 것을 일치시키면 된다. 예를 들어, 내가 가지고 싶은 돈이 100만 원인데, 지갑에는 10만 원밖에 없다고 해보자. 이 경우 내가 느끼는 행복감은 10분의 1에 불과하다. 만약 열심히 일해서 100만 원을 벌면 행복감을 100퍼센트 채울 수 있을까? 아니다. 100만 원을 모두 채우면 분모에 해당되는 소유욕 또한 동시에 1,000만 원으로 커지고 만다. 100만 원을 소유했다고 해도 행복의 크기는 여전히 10퍼센트에 머무는 것이다. 이렇게 되면 행복은 머나먼 일이 되고 만다. 이런 오류를 피하기 위해서는 분모(소유욕)가 커지는 것을 막고 분자(소유물)와 일치시켜야 한다. 한마디로 소유에 대한 욕망을 줄이고 현재에 만족하면 된다는 뜻이다. 이를 통해 마음이 매우 평온한 상태에 이르는 것을 에피쿠로스는 아타락시아ataraxia라고 했다. 그는 이것이 진정한 쾌락이자 행복이라고 보았다.

이런 점에서 봤을 때 에피쿠로스의 행복론은 오늘날 유행하고 있는 소확행의 원조라고 할 수 있다. 그는 물과 한 조각의 빵만 있으면 신도 부럽지 않을 만큼 행복하다는 마음으로 살았던 인물이다. 가끔은 거기에 약간의 치즈를 곁들여, 먹는 즐거움을 만끽하곤 했다. 쾌락이 철학의 목적이라고 했던 그의 실제 삶은 이런 모습이었다. 우리가 오해하는 것처럼 물질적이고 감각적인 쾌락과는 거리가 먼 셈이다.

그는 자신과 비슷한 생각을 지닌 사람들을 모아 공동체를 만들어 생활했는데, 이를 '정원The Garden'이라 불렀다. 이 이름을 따서 에피쿠로스학파를 정원학파라 부르기도 한다. 플라톤이 지성의 전당인 아카데미아를 세웠다면, 그는 대안 학교 성격인 정원을 만들었다. 거기서는 노예와 여성들도 함께 생활했다고 한다. 당시 노예와 여성은 시민이 아니라 일종의 사고파는 물건에 불과했다는 점을 생각하면, 이는 매우 파격적이라고 할 수 있다. 한마디로 정원은 열린 공동체를 지향했다. 이곳에서 사람들은 에피쿠로스의 강의를 듣고 소박하지만 맛있는 음식을 나누면서 즐거운 생활을 이어나갔다. 요즘 들어 전국에 있는 맛집들을 찾아 음식을 즐기는 사람이 늘고 있다. 이런 미식가를 영어로 에피큐어 epicure라고 하는데, 바로 여기에서 유래한 말이다.

에피쿠로스는 정원에서 행복하게 지내다가 72세의 나이로 숨을 거둔다. 말년에 요로결석으로 극심한 고통을 겪었지만, 육체적 고통이 결코 정신적 쾌락을 앗아가지는 못했던 것 같다. 그는 따뜻한 물이 가득한 욕조에서 포도주 한 잔을 들이켜고 행복하게 이 세상과 작별을 고했다. 그의 유언장에는 자신의 노예들을 해방시켜 자유롭게 하라는 내용도 담겨 있었다. 그가 남긴 마지막 말이다.

> "벗들이여, 안녕. 부디 내가 가르친 것을 잘 기억하기를."

죽음, 두려워 말고 지금 행복하라

에피쿠로스가 활동했던 당시를 흔히 헬레니즘 시대라고 한다. 알렉산더대왕의 동방원정으로 그리스가 폴리스라는 도시국가의 한계에서 벗어나 동방의 문화와 어우러지는 시기다. 알렉산더의 포용정책으로 여러 인종이 함께 살아가는 시대였지만, 그리스인은 마케도니아에 병합되어 정치적 자유를 잃은 상태였다. 사회가 혼란스럽고 삶의 터전을 잃으면 사람들은 공동체에 대한 관심보다는 개인주의적 성향을 띠게 된다. 개인적 안락과 행복을 추구한 정원학파의 철학은 이러한 시대적 상황 속에서 등장했다.

에피쿠로스는 정원에서 함께 생활한 벗들에게 자신이 가르친 것을 잘 기억하라는 유훈을 남겼다. 그의 유훈은 다름 아닌 욕심을 버리고 자족하는 삶을 살라는 것이었다. 그의 가르침대로 물질이 아니라 정신적 안락을 만끽하면서 산다 해도 마지막까지 인간의 행복을 방해하는 요인이 하나 남아 있다. 바로 죽음에 대한 두려움이다. 인간은 태어나면 어쩔 수 없이 늙고 병들어 죽을 수밖에 없기 때문에 이 문제를 해결하지 않는 한 행복한 삶을 완성할 수는 없다. 사람들이 종교를 믿고 철학을 공부하는 이유이기도 하다. 그렇다면 에피쿠로스는 죽음의 공포를 어떻게 해결했을까? 한마디로 죽음을 두려워할 필요가 전혀 없다고 그는 말한다. 그의 주장을 삼단논법으로 단순화시키면 다음과 같이 정리할 수 있다.

전제1 : 우리가 살아 있는 한 죽음은 존재하지 않는다.
전제2 : 우리가 죽게 되면 더 이상 살아 있지 않다.
결론 : 따라서 죽음을 두려워할 필요가 없다.

한마디로 살아 있는 자에게 죽음이란 존재하지 않으며, 죽은 자는 더 이상 살아 있지 않기 때문에 전혀 걱정할 필요가 없다는 뜻이다. 그에 의하면 인간은 원자로 구성되었기 때문에 죽음과 동시에 모두 흩어진다고 한다. 육체가 소멸해도 영혼은 존재한다는 생각이 그들에게는 애초부터 없었다. 죽음과 함께 모든 것이 끝나는 것이다. 죽음에 대한 두려움을 떨쳐버리고 현재의 행복을 마음껏 누려야 하는 이유도 여기에 있다.

에피쿠로스의 행복론에 대한 선호의 차이는 있겠지만, 그의 주장이 오늘날 시사하는 바는 작지 않다. 특히 지나칠 만큼 목표 지향적 삶을 살아온 기성세대에게는 더욱 그렇다. 고등학생에게는 대학이 목표다. 대학에 들어가면 취직이, 그 후에는 승진과 결혼, 출산이 기다리고 있다. 이제 행복을 누려도 된다고 생각할 때 내 집 장만이라는 또 다른 목표가 앞에 떡하니 버티고 서 있다. 이것을 이루고 나면 더 넓은 평수의 아파트와 고급 승용차가 또 다른 손짓을 한다. 가도 가도 끝이 없고, 분자에 비례해서 분모 또한 커지는 상황이 반복되는 것이다. 이렇게 살아온 이들에게 에피쿠로스는 질문을 던진다. 정체불명의 목표를 향한 과정뿐인 삶이 도대체 무슨 의미가 있느냐고 말이다.

그의 질문에 즐겁게 화답한 것은 기성세대가 아니라 오히려 오늘날의 젊은이였다. 아직도 일부 어른들은 젊은이들에게 열심히 저축해서 집 장만할 생각은 안 하고 자동차를 사거나 여행을 즐긴다면서 나무라곤 한다. 하지만 그들은 당당하게 '인생은 단 한 번뿐'이라고 외친다. 정체도 분명하지 않은 미래를 걱정하면서 살기보다는 현재의 행복을 누리겠다고 한다. 내 집 마련이나 노후 대비가 급한 것이 아니라 지금의 행복이 중요하다고 말하는 이른바 욜로YOLO족이 등장한 것이다. 그들은 어찌 보면 에피쿠로스의 가르침을 기억하고 오늘에 되살린 후예들이라고 할 수 있지 않을까?

에피쿠로스

토마스 아퀴나스

지적 혹은 논리적 겸손

Philosophy of
Last Words

"기도하면서 본 것에 비하면,
내가 쓴 것은 지푸라기에 불과하다네."

Thomas Aquinas
1225?~1274

신을 증명한다고?

종교는 무언가를 믿는 구조로 되어 있다. 기독교인은 신의 존재를 믿으며, 많은 불교인은 전생과 내생을 믿는다. 어떤 종교를 믿든 그것은 각자의 선택이며, 신앙의 자유는 헌법으로 보장된 가치이기 때문에 마땅히 존중되어야 한다. 그렇다면 우리는 과연 신과 전생이 존재한다는 것을 알 수 있을까? "알기 어렵다"는 것이 솔직한 답변이다. '안다'는 것은 경험적이거나 분석적인 검증을 통해 사실로 확인되었을 때 쓸 수 있는 말이다. 예컨대 '1+1=2'라는 명제는 분석을 통해서 '옳다'는 것을 알 수 있으며, 현재 전 세계가 기후 위기에 놓여 있다는 것은 경험적으로 '아는' 일이다.

이처럼 검증을 통해 사실인지 아닌지 확인하는 일이 종교에서는 이루어지기 어렵다. 한마디로 신이 존재한다는 것을 믿을 수는 있지만, 알 수는 없다는 뜻이다. 분석이나 경험을 통해 신의 존재 여부를 객관적으로 증명할 수 없기 때문이다. 그럼에도 일부 철학자들은 신의 존재를 증명하려고 노력했다. 특히 서구 중세에 존재론적 증명, 우주론적 증명, 목적론적 증명 등 이름만 들어도 복잡할 것 같은 여러 시도가 있었다. 여기에는 인간의 이성, 즉 논리적 사유를 통해 신의 존재를 충분히 증명할 수 있다는 자신감이 깔려 있다. 그 중심에 있는 인물이 토마스 아퀴나스다.

흔히 '중세의 철학은 신학의 하녀로 전락했다'고 말한다. 당시 많은 사람은 이성과 지식의 종합판인 철학을 기독교 신앙이 옳은 것임을 알려주는 도구에 지나지 않는다고 생각했다. 철학은 신의 존재를 증명하기 위한 수단에 불과했던 것이다. 토마스 아퀴나스는 신의 존재증명 가운데 우주론적 논증을 제시한 대표적인 철학자다. 우주론적 증명에는 몇 가지 버전이 있는데, 그중 하나를 소개할까 한다. 이해를 돕기 위해 어린 시절의 경험을 잠깐 이야기하고자 한다.

중학교 1학년 시절로 기억한다. 당시 기독교를 포교하던 어떤 아주머니가 집으로 찾아와서 이야기 좀 나누자고 했다. 그녀는 매년 봄과 여름이 지나가면 가을과 겨울이 찾아오는 자연현상이 신비롭지 않느냐고 나에게 물었다. 생각해보니, 4계절의 변화가 매년 반복되는 모습이 정말 신비롭긴 했다. 그 아주머니는 이처럼 우주가 생겨나고 계절의 조화가 지속되는 것은 어떤 원인이 있기 때문이 아니겠느냐고 다시 물어왔다. 그리고 그 최초의 원인이 바로 신이라고 했다. 당시는 몰랐지만 종교철학을 공부하면서 그녀가 나를 포교하기 위해 사용한 방법이 우주론적 증명이었다는 것을 알 수 있었다.

토마스 아퀴나스가 제시한 우주론적 증명은 세상에서 벌어지고 있는 수많은 사건에는 반드시 원인이 있고, 그 원인을 일으킨 또 다른 원인이 있으며, 이렇게 이어지다 보면 최초의 원인이 있게 되는데, 그것이 바로 신이라는 것이다. 이는 최초의 원인으로부터 신이 존재한다는 것을 이끌어내려는 시도였다. 그러나 이를 통해 신의 존재가 증명되었다고 믿는 사람은 그리 많지 않다. 칸트나 흄David Hume(1711~1776), 러셀Bertrand Russell(1872~1970) 등의 철학자들은 이 증명이 지니고 있는 논리적 오류를 지적하면서 비판하기도 했다. 특히 칸트는 인간의 이성에는 한계가 있으며, 그 범주를 넘어서 있는 신의 세계를 판단하는 것은 오류라고 지적했다.

하지만 철학자들이 시도한 신의 존재증명이 오늘날 우리에게 주는 역사적 교훈 또한 간과해서는 안 된다. 그것은 바로, 종교는 검증이 아니라 믿음의 대상이라는 사실이다. 앎과 믿음 사이에는 건널 수 없는 벽이 존재한다는 뜻이다. 그렇기 때문에 종교는 사실인지 아닌지가 아니라 자신의 삶에 어떤 내용과 의미를 가지는지 성찰하는 것이 중요하다. 이는 기독교뿐만 아니라 불교, 이슬람교 등 모든 종교에 해당되는 교훈이라 할 것이다.

토마스 아퀴나스는 귀족의 아들로 태어났지만, 화려한 삶 대신 소박한 수도사의 삶을 선택했다. 그는 끊임없이 신의 세계를 탐구하면서 방대한 양의 지적 산물인 《신학대전》을 집필했다. 그렇게 열정적으로 글을 쓰다가, 어느 날 갑자기 글 쓰는 일을 그만두고 만다. 곧이어 리용 종교회의에 참석해달라는 교황의 요청을 받고 그곳을 향해 맨발로 걸어 가던 중 병을 얻고, 한 수도원에서 49세의 나이로 세상을 떠났다. 절필을 선언했을 때 왜 글을 쓰지 않느냐는 동료의 질문에 그는 이렇게 답했다. 이 말이 어쩌면 그의 마지막 유훈이 됐는지도 모를 일이다.

> "나는 그럴 수가 없네. 기도하면서 본 것에 비하면, 내가 쓴 것은 지푸라기에 불과하다네."

토마스 아퀴나스는 왜 붓을 꺾었을까?

신이 존재한다고 가정했을 때, 인간이 신을 알 수 있는 방법이 있을까? 고대에는 계시를 통해서 신과 접촉한다고 사람들은 생각했다. 계시란 신이 인간에게 자기 자신을 드러내어 메시지를 전하는 것이다. 이처럼 계시를 통해 신을 아는 것을 계시신학Revealed Theology이라 한다. 그런데 중세에 이르면,

신이 자신을 드러내지 않아도 인간의 이성을 통해 충분히 알 수 있다는 주장이 등장한다. 이를 자연신학Natural Theology이라고 한다. 이러한 입장을 자연적이라고 부르는 이유는, 이성을 통해 신을 아는 것이 '자연스럽다'고 생각했기 때문이다. 이성에 대한 지나친 자신감이 엿보이는 대목이다. 앞서 언급한 존재론적 증명이나 우주론적 증명은 논리적 사유를 통해 신의 존재를 입증하려는 자연신학의 유형들이다.

토마스 아퀴나스는 자연신학을 맨 앞에서 이끈 선구자였다. 그는 이성을 통해 신의 존재를 증명할 수 있다고 자신 있게 주장했다. 그가《신학대전》을 비롯한 여러 저서를 정열적으로 집필했던 이유이기도 하다. 그렇게 열정을 쏟았던 사람이 이 세상과 작별하기 몇 달 전 갑자기 붓을 꺾어버리고 지금까지 쓴 모든 것은 '지푸라기'에 불과하다고 말했다. 도대체 그에게 무슨 일이 있었던 것일까?

1273년 12월 6일 성 니콜라우스 축일 미사를 보던 토마스는 큰 충격을 받은 모습을 보여 사람들을 당황하게 했다. 어떤 학자들은 그가 깊은 종교적 체험을 했다고 주장한다. 이 사건을 계기로 그의 붓은 더 이상 힘을 쓰지 못했다.

이 사건은 종교적 체험과 언어적 표현 사이에 존재하는 엄청난 간극을 보여주는 것이 아닐까 생각된다. 체험과 해석의 간극을 이해하기 위해 필자가 자주 활용하는 비유가 있다.

원로 종교학자 오강남의 《열린 종교를 위한 단상》에 나오는 우물 안 개구리 이야기다. 어느 개구리가 우물 밖으로 나가서 끝없이 펼쳐진 하늘과 들판을 보고 다시 안으로 돌아와 동료들에게 바깥 세계를 설명한다는 내용이다. 그 개구리는 들판이 얼마나 넓은지 이해시키기 위해 내 똥배의 '2배'만큼이나 넓다고 말한다. 우물 안에서 가장 큰 숫자가 2이기 때문이다. 비록 들판의 실제 모습과는 다르지만, 이를 보지 못한 개구리들에게는 그 방법이 최선이었던 것이다.

여기에서 우물 밖으로 나간 개구리는 붓다나 예수, 마호메트와 같은 종교인을 가리킨다. 그리고 '2'라는 숫자는 바이블이나 대장경, 코란 등과 같은 성전을 의미한다. 앞선 예에서 알 수 있는 것처럼, '2배'는 사실이 아니라 종교적 상징이다. 그들은 이러한 상징을 통해 우리에게 우물 밖으로 나가서 있는 그대로를 보라고 권하고 있는 것이다. 그런데 '2'라는 상징을 사실로 해석해서 우물 밖 세계를 그린다면 어떻게 될까? 우물 안에 있는 개구리들은 몰라도 바깥 세계를 체험한 이들의 눈에는 그저 난센스로 보일 것이다. 토마스 아퀴나스는 우물 안에서 열심히 바깥 세계를 그리다가 '바로 그날' 우물 밖을 나가는 종교체험을 한 것으로 보인다. 그때 비로소 체험과 해석의 괴리를 온몸으로 느끼고 붓을 꺾어버린 것은 아닐까? 우물 밖으로 나가 보니 자신이 그동안 썼던 수

많은 글이 실재와 다르다는 것을 느끼고 절필을 했다는 뜻이다. 그의 말대로 자신이 쓴 모든 것은 우물 밖에 펼쳐진 실재에 비하면 지푸라기에 불과했는지 모를 일이다.

토마스 아퀴나스의 종교체험과 절필을 통해 우리는 신앙과 이성, 종교와 과학의 관계에 대한 깊은 성찰을 하게 된다. 종교는 과학이 아니기 때문에 검증을 통해 사실 여부를 증명하려는 것은 무의미한 일이다. 둘 사이에는 넘을 수 없는 벽이 존재한다는 뜻이다. 앞서 언급한 것처럼 우리에게 필요한 것은 이성을 통해 저 건너편의 세계를 증명하는 것이 아니라, 종교가 자신의 삶에 어떤 내용과 의미를 가지는지 돌아보는 일이다. 그는 인간의 이성으로 신의 세계를 검증하는 일이 지적 자만임을 깨닫고 더 이상 펜을 들지 않았다. 우물 바깥의 체험을 통해 지적 혹은 논리적 겸손을 성찰한 것이다. 인간의 이성으로 종교의 세계를 입증하려는 현상이 계속되고 있는 오늘날, 그의 절필이 우리에게 주는 교훈을 잊지 않았으면 하는 바람이다.

7

프랜시스 베이컨

안다는 것

Philosophy of
Last Words

"아는 것이 힘이다."

Francis Bacon
1561~1626

귀납법, 우상 타파의 길

학창 시절 배웠던 삼단논법을 기억할 것이다. 모든 인간은 죽는다는 대전제로부터 소크라테스는 인간이기 때문에 죽을 수밖에 없다는 결론을 이끌어내는 방식이다. 이처럼 일반적인 원칙으로부터 구체적인 결론을 이끌어내는 방식을 연역법이라 한다. 이러한 결과는 실험이나 관찰보다는 논리적으로 사유할 수 있는 능력인 이성에 의존해서 도출된 것이다. 연역법은 인간의 본질을 이성에서 찾고자 하는 이들이 선호하는 방식으로, 아리스토텔레스 이후 별다른 문제의식 없이 서구 사회에 일관되게 적용된 진리를 찾는 방법이었다.

그런데 이러한 방식에 대하여 심하게 태클을 건 인물이 있다. 바로 귀납법을 창시한 것으로 알려진 프랜시스 베이컨이다. 귀납법이란 연역법과 달리 구체적인 사실이나 경험에서 보편적 원리를 도출하는 방법이다. 그렇기 때문에 세계를 올바로 이해하기 위해서는 논리적 추론이 아니라 실험과 관찰이 훨씬 중요하다는 입장을 강조한다. 그렇다면 베이컨은 왜 논리적 사유가 아니라 경험을 강조했으며, 거기에 담긴 철학적 의미는 어디에 있을까?

베이컨은 국새상서國璽尚書를 지낸 니콜라스 베이컨의 아들로 태어났다. 국새상서는 국왕의 옥새를 관리하고 이와 관련된 행정 사무를 관장하는 정부의 고위 관료다. 그러니까 오늘날로 보면 베이컨은 금수저로 태어난 셈이다. 그는 어린 시절부터 권력 근처에서 자랐으며, 당시 엘리자베스 여왕은 베이컨을 귀여워하면서 "어린 궁정대신"이라 부르기도 했다. 12세 시절에는 케임브리지대학에 입학하여 철학을 배우지만, 당시 철학이 실용적이지 못하고 관념적으로 흐른다는 생각에 학교를 그만둔다. 이후에는 영국 대사의 수행원 자격으로 프랑스 파리에 머물면서 과학과 문학을 공부한다.

베이컨은 아버지가 갑자기 세상을 떠나면서 영국으로 귀국하게 되는데, 이미 다른 형제들에게 상속이 모두 끝난 상황이었고 그에게 돌아온 몫은 아무것도 없었다. 어릴 때부터 사치스러운 생활이 몸에 밴 그였기에 당시 상황을 이겨내기가 쉽지 않았다. 주변에 도움을 요청했지만 모두 냉담한 반응뿐이었다. 그는 홀로서기를 해야만 했다. 그래서 택한 방법이 변호사가 되는 것이었다. 그렇게 21세에 변호사 자격을 얻은 이후 탄탄대로를 걷기 시작한다.

베이컨은 정치적 야심이 컸던 인물이었다. 그래서인지 젊은 나이에 하원의원에 당선되었고, 아버지가 맡았던 국새상서에 이어 마침내 대법관의 자리에 오르게 되었다. 하지만 그는 2년 만에 대법관직을 박탈당하는데, 소송 관련자에게 뇌물을 받았다는 이유 때문이었다. 뇌물 사건에 휘말린 그는 런던탑에 감금되었다가 왕의 명으로 특별사면을 받게 된다. 이 일을 계기로 자신의 삶을 되돌아본 베이컨은, 마침내 정치를 그만두고 귀향하여 연구와 저술에 집중한다.

앞서 언급한 것처럼 베이컨은 귀납법을 창시한 인물이다. 당시는 진리를 찾는 데 연역법이 주를 이루고 있었는데, 그는 연역법이 충분한 실험과 관찰을 전제하지 않은 채 성급하게 일반화하는 우를 범하고 있다고 지적했다. 그렇기 때문에 높은 수준의 일반적 원리를 도출하기 위해서는 자연에 대한 충분한 관찰과 실험이 담보되어야 한다고 보았다. 그 방법이 바로 귀납법이었다. 이를 위해 베이컨은 먼저 타파해야할 것이 있다고 주장했는데, 그것이 바로 '우상'이다. 그에게 우상이란 다름 아닌 실험이나 관찰을 통해 충분히 검증되지 않은 당시의 지식들이었다. 이뿐만 아니라 과학적 검증 없이 종교적 권위에만 의지하는 학문 역시 편견과 선입견에 불과한 우상이었다.

널리 알려진 것처럼 베이컨은 4대 우상, 그러니까 종족의 우상과 동굴의 우상, 시장의 우상, 극장의 우상을 타파해야한다고 강조했다. 먼저 '종족의 우상'은 인간이라는 종족의 관점에서 세계를 해석하는 일이다. 예컨대 호랑이가 사슴을 사냥하는 장면을 보면, 대개 호랑이는 나쁘고 사슴은 불쌍하다고 말한다. 그저 자연의 질서일 뿐인데 인간의 시선, 즉 편견으로 세상을 바라보는 것이다. 이런 점에서 보면, '인간은 만물의 척도'라 했던 프로타고라스Protagoras(BC485?~BC415?)의 선언은 그저 선입견에 불과한 우상일 뿐이다.

둘째로 '동굴의 우상'은 동굴이라는 자신만의 세계에 갇혀 주변에서 일어나는 일을 해석하는 것이다. 이는 마치 빨간색이나 파란색 안경을 쓰고 세상을 보는 것처럼 어리석은 행위일 뿐이다. 자신의 눈에 빨갛게 보인다고 해서 세상이 빨간 것은 아니니까 말이다.

셋째로 '시장의 우상'은 인간의 의사소통의 수단인 언어로 인해 생기는 오류를 말한다. 많은 말이 오가는 시장의 상황에서 나온 용어라 할 수 있다. 우리는 동일한 언어라도 그것을 사용하는 사람에 따라 다른 의미로 해석한다. 예컨대 '다문화'는 글자 그대로 우리나라에 들어온 다양한 문화를 말하는데, 미국이나 유럽에서 온 사람들에게는 적용하지 않는다. 그러다 보니 요즘에는 '동남아'라는 특정한 지역에서 온 사람들이라는 의미로 사용된다. 어찌 보면 편견과 차별이 담긴 언어가 되어버린 셈이다.

넷째는 '극장의 우상'이다. 그는 기존의 철학 체계를 극장에 오른 한 편의 연극에 비유했다. 지금까지의 철학은 어떤 경험적 근거를 가진 체계가 아니라 그저 잘 짜인 각본대로 움직이는 연극일 뿐이라는 것이다. 그것들은 '구태의연한 악습과 경솔함, 태만이 팽배한 과학적인 명제'에 불과하기 때문이다. 실험과 관찰에 기초하지 않는 학문은 그에게 가치 없는 우상일 뿐이다.

베이컨은 이러한 우상을 타파하기 위해 스스로 관찰하고 실험하면서 진리를 추구해나갔다. 그에게 귀납법은 우상 타파의 길이었던 것이다. 그가 65세의 나이로 세상을 떠나자 사람들은 그의 묘비명에 다음과 같은 유명한 말을 새겨 넣었다.

"아는 것이 힘이다."

앎과 믿음

베이컨은 경험론의 선구자답게 죽기 직전까지도 실험에 몰두하는 모습을 보여주었다. 그는 여행을 하다가 문득 고기를 눈 속에 묻어두면 얼마 동안이나 썩지 않고 그 상태를 유지할 수 있을지 궁금했다. 호기심이 발동한 베이컨은 닭을 한

마리 잡은 다음 눈 속에 묻고 실험을 시작했다. 그 과정에서 65세 노인의 몸은 오한과 몸살을 이겨내지 못하고 급기야 죽음에 이르고 말았다. 그는 죽어가면서도 실험이 성공적이었다고 말했다 한다. 끊임없는 실험과 관찰만이 진리에 이르는 길이라 믿었던 철학자다운 모습이었다.

그의 마지막 장면을 보면서 경험을 중시하는 실험 정신에 경외감마저 들었다. 베이컨은 그러한 과정을 통해서 우상을 타파하고 참다운 지식에 이를 수 있다고 생각했다. 경험적인 근거가 강력하게 뒷받침된 이론이나 주장은 편견이나 선입견과는 차원이 다른 힘을 가진다. 이를 확인하기 위해 우리는 우상의 밑바닥에 흐르고 있는 잘못된 믿음과 베이컨이 강조한 앎이 어떻게 다른지 성찰할 필요가 있다.

대체로 사람들은 믿는다는 말을 많이 하면서 살아간다. 누군가는 신의 존재를 믿고 어떤 이들은 윤회를 믿는다. 기후위기와 생태계 파괴로 지구가 머지않아 파멸에 이를 것이라 믿는 사람들도 있다. 모두 믿는다고 말을 하지만, 그것은 결국 세계에 대해 자신이 옳다고 여기는 해석이나 예측, 평가라고 할 수 있다. 그렇다면 과연 자신이 믿는 것이 옳거나 사실일까? 그러기 위해서는 자신의 주장을 뒷받침할 수 있는 강력한 증거가 제시되어야 한다. 지금은 상식에 불과한 지구가 둥글다는 믿음도 한때는 근거가 부족했기 때문에 하나의 가설에 불과했다. 하지만 인공위성을 통한 관찰이 이루어진 후 이 믿음은 사실로 입증되었다. 이처럼 증거에 의해 뒷받침되는 믿음을 우리는 옳은 믿음이라고 한다. 그리고 이러한 옳은 믿음은 앎 혹은 지식이라는 권위를 얻는다. 단순한 믿음과는 차원이 다른 힘을 가지게 되는 것이다.

이와는 달리 완전히 잘못된 믿음도 있다. 서구 중세에는 태양이 지구를 돈다는 천동설이 진리로 통했지만, 그들은 그저 믿은 것일 뿐 결코 안 것이 아니었다. '하늘은 둥글고 땅은 모나다'는 믿음도 베이컨의 시선에서 보면 그저 우상에 불과하다. 실험이나 관찰을 통해 이를 뒷받침할 수 있는 근거가 전혀 없기 때문이다. 이는 마치 전래동화 〈호랑이와 곶감〉에서 어리석은 호랑이가 곶감이 자신보다 무서운 존재라 여기는 것과 같다. 이는 옳은 믿음이 아니라 잘못된 믿음이다. 분명한 것은 사실이 아니거나 틀린 것을 믿을 수는 있어도 결코 알 수는 없다는 점이다.

그리고 옳은 것인지 그른 것인지 분명하지 않은 불완전한 믿음도 있다. 어떤 이들은 지구 이외의 다른 행성에 외계인이 살고 있다고 믿는다. 그런데 이를 입증할 수 있는 증거가 아직 나오지 않았기 때문에 이를 지식이라고 할 수는 없다. 아직까지는 하나의 가설이자 불완전한 믿음인 것이다. 그들 역시 믿고 있는 것이지 알고 있는 것은 아니다. 만약 분명한 증거가 나온다면 이 역시 앎이라는 지위에 오를 것이다.

지금까지 믿음을 세 가지로 구분해서 살펴봤는데, 이 가운데 옳은 믿음만이 앎이라고 할 수 있다. 앎이 힘을 갖는 사회는 건강하지만, 잘못된 믿음이나 불완전한 믿음이 힘을 갖게 되면 사회는 병들고 만다. 그래서인지 '아는 것이 힘'이라는 베이컨의 묘비명이 오늘날의 우리에게 또 다른 의미로 다가온다. 지식정보사회라고 불리는 21세기에도 가짜 뉴스, 사실 왜곡 등이 횡행하고 있기 때문이다. 우리는 여전히 보고 싶은 대로 보고 믿고 싶은 대로 믿으면서 살아간다. 그 믿음이 어떤 정치적 이념이나 이해관계와 얽히게 되면 상상하기 힘들 만큼 강력한 힘을 갖게 된다. 베이컨의 시선에서 보면 4대 우상에 빠져 살아가고 있는 셈이다.

앎과 믿음의 문제는 과학과 종교의 영역에만 해당되는 것이 아니라 우리 삶 곳곳에서 영향을 미치고 있다. 아직도 민주주의 반대말이 공산주의라고 믿는 사람이 많다. 그렇게 믿는 것은 자유지만, 그것은 잘못된 믿음이다. 민주의 반대는 독재이며, 공산주의는 자본주의 반대말이다. 이것이 옳은 믿음, 즉 앎이다. 이는 이데올로기의 첨예한 대립과 갈등이 낳은 불행한 현상일 뿐이다. 그 과정에서 죽임을 당하거나 상처받은 이들을 생각해서라도 이러한 잘못된 믿음은 바로잡아야 한다.

우리 안에는 아직도 모르는 것이 약이며, 아는 것이 병이라는 관념이 자리하고 있다. 이는 결코 건강한 생각이 아니다. 오히려 '내가 믿는 것이 과연 아는 것일까?'라는 질문을 던지고 믿음과 앎에 대해 성찰할 수 있어야 한다. 편견과 선입견이 가득한 믿음이 아니라 '아는 것이 힘'이 되는 사회를 위해서 더욱 그렇다. 앎은 우상을 타파하는 가장 직접적인 길이다.

프랜시스 베이컨

8

파스칼

사색은 계속된다

Philosophy of
Last Words

"그대 최고의 수학자, 물리학자, 철학자인 블레즈 파스칼.
그는 여기 잠들었지만, 그의 사색은 계속될 것이다."

Blaise Pascal
1623~1662

종교가 도박이라고?

"인간은 생각하는 갈대다."

파스칼의 명저 《팡세》에 나오는 말이다. 철학에 관심이 없는 사람도 이 말을 파스칼이 했다는 것은 많이 알고 있다. 인간은 갈대처럼 나약한 존재지만 그가 위대한 것은 바로 사유하기 때문이라는 뜻이다. 인간의 본질을 생각에서 찾고 있는 것이다. 인간은 사자나 호랑이와 같은 동물들에 비해서 힘이 부족하지만, 사유를 통해 이를 극복하며 살아간다.

파스칼은 17세기 프랑스를 대표하는 철학자로 알려져 있지만, 사실 수학과 과학 분야에서 더욱 이름을 날린 인물이다. 우리가 흔히 아는 삼각형 내각의 합이 180도라는 사실을 증명한 사람이 바로 파스칼이다. 그것도 그가 12세 때의 일이다. 또한 그는 세무 관료였던 아버지의 세금 업무를 도와주기 위해 최초로 계산기를 발명하기도 했다. 어린 시절부터 과학과 수학에 천재적 재능을 보인 소년은 20대 후반에 이르러 갑자기 철학으로 관심을 돌리게 된다. 그를 아끼는 사람들은 과학에 대한 재능을 발휘하지 못할까 봐 걱정했지만,

파스칼은 '인간이란 무엇인가?'라는 근원적인 질문을 던지고 '어떻게 살 것인가?'를 고민하는 철학자의 길을 걷는다. 그는 자신이 어떤 존재인지 성찰하지 않고 살아가는 것은 맹목적인 삶이기 때문에 스스로를 아는 일이 중요하다고 생각했다. 인간을 생각하는 갈대라고 했던 것도 이러한 성찰에서 나온 대답이었다.

흥미로운 것은 그가 신학에도 깊은 관심을 가졌는데, 기독교 신앙을 내기에 비유했다는 사실이다. 이를 흔히 '파스칼의 도박Pascal's wager'이라 부른다. 종교와 도박, 과연 무슨 관련이 있을까? 이해를 돕기 위해 신이 존재하는 경우와 그렇지 않은 경우를 가정해보자. 만약 신이 존재하는데 신앙심을 가지고 종교 생활을 했다면, 그는 천국이라는 초대박을 터뜨릴 것이다. 혹여 신이 존재하지 않는다고 하더라도 그로 인해 입게 될 손해는 별로 크지 않다. 주말에 교회를 가서 헌금을 내는 정도의 손실은 신이 존재할 경우 얻게 되는 이익에 비하면 아무것도 아닌 셈이다. 이와 달리 신을 믿지 않았는데 신이 존재한다면 지옥이라는 큰 재앙이 기다리고 있다. 이 경우 엄청난 손해를 감당한다는 점에서 최악의 베팅이라고 할 수 있다. 그리고 신을 믿지 않았는데 신이 존재하지 않는다면 본전이 된다. 이를 표로 간략하게 정리하면 다음과 같다.

	신이 존재할 경우	신이 존재하지 않을 경우
신앙	천국	약간의 손실
불신	지옥	본전

파스칼은 신을 믿는 쪽에 베팅을 하는 것이 훨씬 이득이라고 했다. 신이 존재할 확률은 50퍼센트나 되기 때문이다. 존재하거나 존재하지 않거나 둘 중 하나라는 뜻이다. 따라서 자연스럽게 신을 믿는 것이 그렇지 않은 경우보다 훨씬 이익이라는 결론에 도달하게 된다. 매우 흥미로운 시도다. 이러한 파스칼의 도박은 기독교를 믿게 하려고 신앙을 수단화했다는 비판에 직면하기도 했다. 그럼에도 사람들이 종교를 믿는 속내는 보여준 것 같다. 그가 오늘날 태어났다면 종교를 보험에 비유하지 않았을까? 혹시 일어날지 모르는 종말과 최후의 심판에 대비한 맞춤형 보험 상품에 가입함으로써 지옥행에 대한 불안감을 해소하고 현재의 삶을 안락하게 유지할 수 있을 테니 말이다.

어릴 때부터 병약했던 파스칼은 건강이 악화되어 39세라는 젊은 나이에 세상을 떠나게 된다. 그는 자신의 재산을 가난한 사람들에게 나누어주라는 유언을 남기기도 했다. 파스칼이 죽은 후 지인들은 그가 쓴 미완의 원고들을 모아 출판하는데, 그것이 유명한 《팡세》다. 팡세란 단상집, 즉 사유를 통해 나온 글이라는 뜻이다. 다음은 그의 벗들이 쓴 파스칼의 묘비명이다.

> "근대 최고의 수학자, 물리학자, 철학자인 블레즈 파스칼. 그는 여기 잠들었지만, 그의 사색은 계속될 것이다."

사색은 계속된다

파스칼의 도박을 접하면서 그가 왜 이런 생각을 했을까 궁금했다. 단지 기독교를 믿지 않는 사람들을 포교하기 위한 수단이었을까? 평소 사색의 중요성을 강조한 인물과는 어울리지 않는다는 생각이 들어서였다. 그렇다면 그의 진짜 속내는 어디에 있을까? 분명한 것은 그가 신의 존재를 증명하려고 시도한 것은 아니라는 사실이다. 그는 신을 검증이 아니라 믿음의 대상이라고 생각했다. 신앙은 이성이나 과학이 아니라 구체적인 개인을 통해 나오는 삶의 몸짓이다. 파스칼이 "철학자나 학자들의 신이 아니라 아브라함의 신, 이삭의 신, 야곱의 신"이라고 쓴 쪽지를 늘 몸에 지니고 다녔던 이유다.

파스칼은 신의 존재를 논리적으로 검증하는 일이 무의미하다는 것을 알고 있었다. 그는 이성으로 모든 것을 해결할 수 있다는 오만함을 늘 경계했다. 종교는 단순하게 말하면 '믿거나 말거나'를 선택하는 일이다. 어느 쪽에 베팅할 것인가는 결국 자신의 몫이다. 그런데 어떤 선택을 하느냐에 따라 삶의 내용과 의미가 달라진다는 점에서 이는 매우 중요한 문제다. 종교가 있는 사람과 그렇지 않은 사람의 인생이 같을 수 없다는 뜻이다. 파스칼은 사색을 통해 믿을 것인지 말 것인지를 선택하고, 이를 바탕으로 자신을 성찰하면서 신앙생활을 해야 한다고 생각한 것은 아닐까?

생각이 여기에 미치자 문득 신앙에도 질적 차이가 있다고 주장한 러시아의 신비주의자 게오르기 구르지예프Georgii Ivanovich Gurdzhiev(1877?~1949)가 떠올랐다. 그는 신앙을 질적으로 기계적 믿음mechanical faith과 정서적 믿음emotional faith, 그리고 자각적 믿음conscious faith으로 구분했다. 먼저 기계적 믿음은 아무런 생각 없이 교회나 성당, 절 등에 다니면서 종교 생활을 하는 유형이다. 기계는 생각을 하지 않는다. 다만 자신을 설계한 누군가에 의해서 움직일 뿐이다. 이런 유형은 내가 왜 종교를 신앙하는지에 대한 문제의식과 성찰이 결여됐다는 점에서 유치하면서도 위험하다고 할 수 있다. 구르지예프는 이러한 기계적 믿음을 어리석음이라고 했다.

둘째로 정서적 믿음은 종교가 지니는 정서에 영향을 받아 신앙하는 유형이다. 이는 정도의 차이만 있을 뿐 문제의식과 성찰이 부족하기는 앞의 유형과 크게 다르지 않다. 사찰의 고요한 분위기, 성당의 엄숙하면서도 장엄한 모습, 교회 성가대에서 울려 퍼지는 음악과 같은 정서에 매료되어 신앙하는 경우다. 자연스럽게 보일지 몰라도 문제의식이 없다면, 신앙의 주연은 종교적 정서가 되며 자신은 엑스트라로 전락하고 만다. 구르지예프는 이러한 정서적 믿음을 노예라고 지적했다.

셋째로 자각적 믿음은 종교를 왜 신앙하는지, 그것이 자신의 삶에 어떤 의미인지를 성찰하는 유형이다. 분명한 문제의식을 가지고 종교 생활을 한다는 점에서 이는 깨어 있는 신앙이라고 할 수 있다. 구르지예프는 자각적 믿음을 자유라고 했다. 어리석음과 노예적 사유에서 벗어나 진정한 정신적 자유를 누리기 위해서는 스스로 주체가 되어 늘 깨어 있는 신앙을 해야 한다.

자각적 믿음은 파스칼이 중시한 사색하는 신앙, 사유하는 삶과 묘하게 닮아 있다. 이러한 삶이 가능하기 위해서는 고독 속에서 '있는 그대로'의 자기 자신과 마주할 줄 알아야 한다. 사색은 전혀 꾸미지 않은 솔직한 자기 자신과 만나는 시간이다. 문제는 사람들이 혼자 있는 시간을 매우 두려워한다는 사실이다. 늘 서툴고 때로는 형편없는 내 모습이 드러날까 봐 두려운 것이다. 그래서 인간은 돈이나 권력 뒤에 숨어서 가면을 쓰고 사는지도 모르겠다. 파스칼은 세상의 모든 불행은 이러한 사색의 시간을 이해하지 못하기 때문에 일어난다고 보았다. 그는 단호하게 말한다. 적나라한 자기 자신과 마주하지 않는 한, 결코 참된 삶을 살 수 없다고 말이다. '어떻게 살 것인가?'를 고민하는 이들에게 필요한 삶의 태도다.

파스칼은 죽는 순간까지 사색하는 삶을 살았던 철학자이자 신앙인이었다. 그의 벗들이 흩어진 흔적들을 모아 《팡세》를 출간하고 묘비명에 그의 사색은 계속될 것이라고 기록했던 이유도 바로 여기에 있다. 철학자 파스칼을 통해 우리는 사색이 바탕이 될 때 비로소 신앙이 성숙한다는 것을 읽을 수 있어야 한다. 그렇지 않으면 어린아이와 같은 유치한 신앙, 기복에만 의지하는 기계적 신앙의 차원에 머물 수 있기 때문이다. 어느 종교인가와 관계없이 자기 성찰이 담긴 성숙한 신앙에서 아름다운 향기가 나는 법이다. 우리는 지금 어느 지점에 서 있는 것일까?

스피노자

자연에 취하다

Philosophy of
Last Words

"이 땅은 오랫동안 신교회에 묻혀 있던
스피노자의 유골을 담고 있다."

Baruch Spinoza
1632~1677

철학적 자유

"내일 지구의 종말이 온다 해도 나는 오늘 한 그루의 사과
나무를 심겠다."

스피노자가 했다고 알려진 유명한 말이다. 이 말을 처음 들
었을 때, 나는 과연 종말의 그날 사과나무를 심을 수 있을까
생각한 적이 있다. 당시 내린 결론은 그러기 힘들다는 것이
었다. 그날이 온다면 어찌할지 몰라 이리저리 헤매다가 삶을
마감했을 것 같았기 때문이다. 이러한 말은 어떠한 고난이
닥쳐와도 하루하루를 정성껏 성실하게 살아낸 사람의 입에
서만 나올 수 있는 귀한 언어다. 아무나 할 수 있는 말이 아
니라는 뜻이다. 스피노자처럼 오늘을 어제처럼 성실하게 살
아야 내일도, 나아가 종말의 그날이 와도 흔들리지 않고 오
늘처럼 살 수 있는 법이다.

　스피노자는 네덜란드 암스테르담에서 부유한 상인의 아들
로 태어났다. 그는 어린 시절부터 신에 대한 관심이 많아서
유대계 학교에 들어가 히브리어와 성서 등을 공부했다. 그는
성장하면서 철학에 관심을 갖게 되었는데, 주위에서는 이를

우려 섞인 시선으로 바라보았다. 스피노자는 누가 뭐라 해도 자신만의 관점으로 세계를 해석하는 주체적 인물이었기 때문이다. 그는 당시 전통적인 유대교의 신관神觀을 비판했고, 이로 인해 결국 파문을 당하게 된다. 그는 공부하면서 신은 육체가 있어야 하며, 누구든지 느낄 수 있어야 한다고 생각했다. 그렇다면 눈앞에 있는 자연과 내 안에 이미 신이 존재하고 있는 것이 아닌가! 이러한 생각에 이르자 그는 전율했다. '자연이 신'이라는 범신론汎神論이 탄생하는 순간이다. 하지만 그의 앞날은 불행을 예고하고 있었다. 자신이 속한 사회로부터 버림을 받았으니까 말이다.

> "그에게 밤낮으로 저주가 내릴지어다. 주의 분노가 이 사람을 향해 불타게 하소서. 경고하노니 어느 누구도 그와 이야기하지 말 것이며 편지를 주고받지도 말라. 누구도 그를 도와주어도 안 되고 한 지붕 아래에서 살아도 안 되며, 그의 글을 읽어서도 안 된다."

스피노자를 파문하면서 내린 유대교회의 선고문이다. 어찌이리도 가혹할 수가 있을까? 많은 이가 그에게 온갖 모욕과 조롱, 저주 등을 퍼부었다. 그는 진리에 도달하기 위해서는 값비싼 대가를 치러야 한다는 것을 알고 있었다. 그래서 독선적인 전통 교단의 압력에 굴하지 않고 자신의 신념을 지켜 나갈 수 있었다. 《논어》에서 "덕은 외롭지 않고 반드시 이웃이 있다"고 했다. 이 말처럼 그를 지지하고 도와주는 이웃들이 나타나기 시작했다. 당시 스피노자는 안경 렌즈를 손질하는 일로 생계를 꾸려가고 있었는데, 이러한 사실을 알게 된 이웃들이 격려와 함께 돈을 보내주었다. 스피노자를 존경한 나머지 자신의 전 재산을 물려주겠다고 나선 사람도 있었다. 그는 결코 외롭지 않았던 것이다.

스피노자가 어떤 태도로 진리의 길을 걸었는지 알 수 있는 일화가 있다. 그의 이름이 유럽 사회에 알려지기 시작하자 하이델베르크대학에서 교수 자리를 제안했다. 그런데 조건이 하나 있었다. 그것은 바로 철학하기 위한 자유를 누리는 것은 괜찮지만, 그 자유를 교회의 혼란을 조장하는 데 사용하지는 말아달라는 것이었다. 예의를 갖춘 제안이긴 했지만, 결국 전통적인 신관을 비판하지 말라는 뜻과 다르지 않았다. 그는 깊은 고민 끝에 이 매력적인 제안을 거절한다. 이유는 단순했다. 그것은 바로 자유로운 철학이 그 어떤 제약을 받아야 한다는 것을 이해할 수 없었기 때문이었다. 그에게 철학적 자유는 곧 생명과도 같았던 것이다.

철학적 자유를 택한 대신 그는 궁핍한 삶을 이어가야만 했다. 주위에서 도움을 주려고 했지만, 대부분 거절했다. 그는 안경 렌즈를 손질하는 일을 하면서 검소한 생활을 이어갔다. 그런데 작업장에 쌓인 유리 가루와 먼지로 인해 스피노자는 폐병을 얻고 말았다. 자신의 양심과 신념으로 살았던 철학자는 46세 되던 어느 날 오후, 닭고기 수프를 먹고 나서 고요히 세상과 작별을 고했다. 주어진 명을 다하지 못한 그의 묘비명에는 이런 글귀가 쓰여 있다.

"이 땅은 오랫동안 신교회에 묻혀 있던 스피노자의 유골을 덮고 있다."

신성이 깃든 자연

'신을 모욕한 유대인' '커다란 재앙을 가지고 태어난 사기꾼'. 그를 모욕하고 비난했던 이들의 거친 언사다. 반면 그를 찬양하는 이들도 적지 않았다. 독일의 작가 괴테는 자신보다 스피노자의 정신이 훨씬 더 심오하고 순수하다고 고백했으며, 스피노자의 철학 이외에 철학이라고 할 만한 것은 없다고 극찬한 이도 있었다. 한 인물을 두고 극과 극을 오갔던 것이다. 신을 바라보는 시선이 다르기 때문에 이는 피할 수 없는 일이었다.

스피노자는 신을 이 세상 너머에 있는 어떤 초월적인 존재라고 생각하지 않았다. 그에게 신은 모든 생명 안에 생생하게 살아 있는 존재, 곧 자연이자 온 우주였다. 묘비명에서 말하는 것처럼, 이 땅은 자연을 신이라고 찬미한 스피노자의 유골을 지금까지 오랫동안 덮고 있다. 아니, 어쩌면 그가 신이라고 믿었던 자연의 품에 포근히 안겨 있는지도 모를 일이다. 그렇다면 자연을 신이라 했던 그의 외침은 오늘의 우리에게 어떤 의미로 다가올까?

스피노자를 오랜만에 다시 읽으면서 근현대 고승으로 알려진 경봉鏡峰(1892~1982) 선사와 스위스 바젤대학의 신학자였던 하인리히 오트Heinrich Ott의 대화가 생각났다. 오트가 한국에 왔을 때 통도사에서 선사를 만났는데, 이야기를 나누는 과정에서 '하나님은 어디에 있느냐?'는 질문을 받게 되었다. 오트는 불교식으로 답변한다는 생각에 하나님은 자신의 마음속에 있다고 말했다. 그러자 경봉 선사가 큰 소리로 이렇게 외쳤다.

  "안팎이 없느니라."

이 말을 들은 오트는 핵 펀치를 얻어맞은 것처럼 정신이 아찔했다고 한다. 오트는 한국에서 열린 어느 학술 세미나에서 '안팎이 없느니라'라는 이 말을 한국어로 또박또박 말했다고 한다. 그만큼 인상이 깊었다는 뜻이다. 신은 안과 밖이 없다는 경봉 선사의 일갈과 스피노자의 사유가 묘하게 통한다. 신이 안에만 있다고 한다면 마음이라는 감옥에 신을 가두는 것이 되며, 밖에만 있다고 해도 역시 마찬가지다. 신성神性은 정신과 물질, 온 우주에 가득하다고 했던 스피노자의 사유는 인간성은 상실되고 자연이 죽어가고 있는 오늘날 큰 의미로 다가온다.

스피노자의 지적처럼 자연에 신성이 깃들어 있다고 생각해보라. 그러면 감히 나무 한 그루, 풀 한 포기를 함부로 벨 수 있겠는가. 사람도 마찬가지로 함부로 다치게 하거나 해할 수 없을 것이다. 그것은 곧 신성을 모독하는 차원을 벗어나 신을 해치는 일이기 때문이다. 그런데 인류는 문명이라는 이름으로 자연과 생명을 함부로 해치고 말았다. 그 결과 오늘날 우리는 지구의 생존마저 걱정하는 처지가 되었다. 이미 임계점을 넘어섰다는 진단이 여기저기서 나오고 있는 실정이다. 이제라도 생명은 '부리는' 것이 아니라 '함께하는' 존재라는 인식의 전환이 있어야 한다. 이러한 상황에서 자연이 곧 신이라는 스피노자의 범신론적 사유는 중요한 의미를 갖는다. 인간의 탐욕과 어리석음으로 인해 파괴되고 있는 생태계를 살릴 수 있는 철학적 대안이 될 수 있기 때문이다.

코로나19 바이러스의 방문으로 인류는 잠시 멈춤의 시간을 가지면서 자연이 가져다주는 맑은 공기와 하늘이 얼마나 소중한지 깨닫게 되었다. 이런 점에서 바이러스는 인류에게 '무엇이 중헌디?'를 알려주기 위해 지구별을 찾아온 방문객이라고 할 수 있다. 그런데 그 메시지를 우리가 벌써 잊고 있는 것은 아닐까? 이전처럼 다시 공장 굴뚝과 자동차에서는 매연이 배출되고 맑은 하늘은 미세 먼지로 가득하다. 오늘도 여전히 자연인 신을 파괴하고 있는 것이다. 이런 상황에서 100세 시대와 생명 연장의 꿈이 무슨 의미가 있겠는가. 어느 크리족 원주민이 남겼다는 다음 말은 오늘을 사는 우리에게 깊은 울림을 준다.

> "마지막 나무가 사라지고 마지막 강물이 더럽혀지고 마지막 물고기가 잡힌 후에야 너희는 깨달을 것이다. 돈을 먹고는 살 수 없다는 것을."

문득 "눈에 보이는 형제를 사랑하지 않으면서 어떻게 보이지 않는 하나님을 사랑한다고 할 수 있겠느냐!"는 〈요한복음〉의 구절이 떠오른다. 스피노자라면 이렇게 말했을 것 같다. 눈에 보이는 신, 즉 자연을 사랑하지 않으면서 어떻게 보이지

스피노자

않는 신을 사랑할 수 있느냐고 말이다. 스피노자를 가리켜 '신에 취한 무신론자'라고 말하곤 한다. 그가 신에 취해 살아 있는 모든 생명을 귀하게 여겼다면, 오늘의 우리는 돈에 취해 살아 있는 신성을 해치고 있는 것은 아닐까?

10

칸트

마음속에 빛나는 양심의 별

"언제나 감탄스럽고 경건한 마음을 불러일으키는 것이 두 가지가 있다.

하나는 밤하늘에 반짝이는 별들이고,

다른 하나는 가슴속에 빛나는 양심이다."

Immanuel Kant
1724~1804

규칙적인, 너무나 규칙적인

"내용 없는 사고는 공허하고, 개념 없는 직관은 맹목이다."

칸트를 이야기할 때마다 나오는 유명한 구절이다. 여기에서 내용은 경험, 직관을 의미하며, 사고는 이성, 개념을 뜻한다. 벽돌 만드는 과정을 예로 들면 어렵지 않게 이해할 수 있다. 먼저 벽돌을 만들기 위해서는 재료인 모래와 틀이 필요하다. 모래는 내용과 직관이며, 틀은 사고와 개념이다. 모래는 없고 틀만 있으면 아무것도 만들 수 없으므로 공허하며, 반대로 틀은 없고 모래만 있다면 반듯한 모양의 벽돌을 만들 수 없기 때문에 맹목적이라고 할 수 있다. 이 구절은 지식의 원천이 이성에서 나온다는 합리론과 경험이 지식의 원천이라는 경험론을 종합했다는 평가를 받는다. 한마디로 이성과 경험이 조화를 이룰 때 참다운 지식이 나온다는 뜻이다.

칸트는 이성을 통해 세계를 이해하고자 했던 독일 계몽주의를 대표하는 철학자다. 그는 1724년 쾨니히스베르크에서 태어나 평생 고향을 떠나지 않은 것으로 유명하다. 그의 부모는 모두 독실한 루터교 경건파 신자였다. 칸트는 8세 때 어느 목사의 도움으로 경건주의 학교에 들어가 라틴어를 배우게 된다. 16세에는 쾨니히스베르크대학에 입학하여 신학을 공부하지만, 그가 주로 관심을 가진 분야는 수학과 물리학이었다. 넉넉하지 않은 가정환경 때문에 그는 아르바이트를 해가며 겨우 대학을 졸업하게 된다.

어렵게 대학을 마친 칸트는 계속 공부를 하고 싶었으나, 사정이 여의치 않아 9년 동안 가정교사로 일하게 된다. 이후 모교에서 강사 생활을 시작하는데, 그가 강의한 과목은 물리학과 수학을 비롯하여 논리학, 윤리학, 형이상학에 이르기까지 광범위했다. 그가 강사를 하는 동안 베를린대학을 비롯한 몇 군데에서 그에게 교수직을 제안했으나 모두 거절해버린다. 모교에 남고자 하는 의지가 강했기 때문이었다. 1770년 그는 마침내 쾨니히스베르크대하 철학과 교수로 임명된다. 강사 생활 15년 만에 고향에서 안정적으로 철학을 연구하고 싶다는 꿈이 이루어진 것이다.

이후 칸트는 10여 년 동안 연구에 전념한 끝에 《순수 이성 비판》을 출간한다. 어렵기로 소문난 이 책은 그를 전국적인 유명 인사로 만들었다. 당시 젊은 학생들은 칸트에게 철학을 배우기 위해 쾨니히스베르크대학으로 몰려들었다. 그가 평생 몸담은 모교가 '철학의 성지'로 탄생하는 순간이다. 이 책은 철학을 연구하는 사람뿐만 아니라 일반인에게도 널리 유행하게 되는데, 심지어 이발사의 입에서도 칸트 이야기가 회자되었다고 한다. 이 책의 영향력이 얼마나 컸는지를 알 수 있는 대목이다.

칸트는 평생 혼자 산 것으로 알려졌는데, 독신주의자여서 그런 것 같지는 않다. 그는 두 번에 걸쳐 결혼을 시도하지만 모두 실패로 끝나고 만다. 이유는 단순하다. 마음에 드는 여성에게 청혼할 용기가 부족했던지, 뜸을 들이다 모두 놓치고 만 것이다. 철학에는 뛰어났던 데 비해 이성에게 매력을 어필하는 능력은 그렇지 않았던 모양이다. 칸트 자신은 독신으로 살았지만 제자들에게는 결혼을 권유하곤 했다. 흥미로운 것은 여성을 볼 때도 사랑보다는 냉철한 이성에 따르라고 조언했다는 점이다. 그것은 다름 아닌 '미모보다 지참금을 생각하라'는 것이었다. 여성의 미모나 매력은 잠시뿐이지만, 돈은 오래 남기 때문에 오랫동안 감사하는 마음으로 살 수 있다는 이유에서였다. 당시 얼마나 많은 젊은이가 그의 말에 따랐는지는 모르겠다.

그는 평생 '걸어 다니는 시계'라 불릴 만큼 규칙적인 생활을 한 것으로 유명하다. 동네 사람들이 그가 지나가는 것을 보고 시간을 맞출 정도였다고 하니 말이다. 그는 정확히 오후 3시 30분이 되면 산책을 나왔는데, 매일 같은 코스를 여덟 번 왕복해서 걸었다. 사람들은 이 길을 '철학자의 길'이라 불렀다. 다만 그가 산책 시간을 어긴 경우가 한 차례 있었다. 바로 루소Jean Jacques Rousseau(1712~1778)의 저서인 《에밀》을 읽다가 산책 시간을 깜박 잊은 것이다. 이를 제외하고는 목숨을 다할 때까지 비가 오나 눈이 오나 '규칙적인, 너무나 규칙적인' 생활을 이어갔다. 혹자는 키가 160센티미터도 안 되는 왜소한 체질의 철학자가 당시로서는 장수라 할 수 있는 80세까지 산 이유를 여기에서 찾기도 한다.

평생을 철학에 몸을 바친 칸트는 1804년 2월 고향에서 '좋다'라는 마지막 말을 남기고 생을 마감한다. 다음은 그의 묘비명에 쓰인 너무도 아름다운 글이다.

"생각하면 할수록 늘 감탄스럽고 경건한 마음을 불러일으키는 것이 두 가지가 있다. 하나는 밤하늘에 반짝이는 별들이고, 다른 하나는 가슴속에 빛나는 양심이다."

양심의 별은 빛나야 한다

앞서 언급한 《순수 이성 비판》은 칸트를 대표하는 저서다. 어렵기로 정평이 난 책이기도 하지만, 일단 제목 자체가 사람을 주눅 들게 한다. 무슨 뜻인지 쉽게 가늠할 수 없어서 더욱 그렇다. 여기에는 '인간이란 무엇인가?'라는 인문학의 근본 물음에 대한 그만의 답이 담겨 있다. 인간은 이성, 즉 논리적으로 사고할 수 있는 능력을 가진 존재다. 하지만 그 이성을 통해 모든 것을 알 수 있는 것은 아니다. 예컨대 먹구름이 잔뜩 끼면 비가 온다는 것을 알 수 있지만, 신이 존재하는지 혹은 죽은 이후에 영혼은 존재하는지 등은 순수한 이성으로는 알 수 없다. 그렇기 때문에 '인간의 이성으로 모든 것을 알 수 있다'는 생각은 지적 오만에 불과하다. 칸트의 《순수 이성 비판》은 바로 이 지점을 비판한다. 인간의 이성에는 한계가 있기 때문에 알 수 있는 것과 알 수 없는 것을 명확히 구분해야 한다는 뜻이다.

인문학의 또 다른 근본 물음인 어떻게 살 것인가에 대한 칸트의 대답은 무엇일까? 한마디로 이성을 가진 인간은 양심에 따라 살아야 한다고 했다. 그의 묘비명에 담긴 "가슴속에 빛나는 양심"은 이를 잘 보여준다. 그렇다면 양심이란 무엇이며, 왜 인간은 양심에 따라야 할까?

먼저 양심이란 어떤 행동이 옳은지 그른지 알 수 있는 마음이다. 이 마음은 태어날 때부터 인간에게 주어진 선천적인 것이다. 예컨대 인간이 거짓말을 하면 본능적으로 그것이 잘못임을 알게 되는데, 이는 양심이 작동하기 때문이다. 거짓

말을 했을 때 맥박이 평소보다 빨리 뛰거나 심장이 두근거리는 이유도 여기에서 찾을 수 있다. 거짓말을 하면 코가 길어진다는 동화 〈피노키오〉도 이러한 사실에 착안해서 만들어진 것이 아닐까?

그렇다면 이러한 양심을 왜 지켜야 할까? 이 물음에 대한 전형적인 두 가지 답변이 있다. 공리주의와 의무론이 그것이다. 공리주의 입장에서는 어떤 행위도 그 자체로 옳거나 그를 수 없다. 옳고 그름은 그것이 가져다주는 결과에 달려 있다. 한 행위가 공적인 이익을 가져다주면 옳은 것이며, 반대로 손해를 가져오면 그른 행위가 된다는 뜻이다. 이 입장에 따르면, 양심에 따르는 것이 그렇지 않은 경우보다 더 많은 공공의 이익을 가져오기 때문에 양심을 지켜야 한다는 결론이 나온다. 예컨대 양심에 따라 교통 신호를 잘 지키는 것이 교통사고 예방이라는 공공의 이익을 가져오기 때문에 옳다는 것이다. 공리주의는 행위의 결과에 따라 옳고 그름이 결정되기 때문에 결과주의라고도 부른다.

칸트는 이러한 공리주의에 대해 결코 동의하지 않는다. 그에 의하면, 양심은 결과와 관계없이 그 자체로 옳기 때문에 반드시 지켜야 한다. 양심을 지키는 것은 인간이 '할 수 있는' 일이 아니라 마땅히 '해야만 하는' 일이라는 것이 칸트의 생각이다. 이것이 의무론이다. 한마디로 양심에 따르는 것은 의무이기 때문에 지켜야 한다는 뜻이다. 이는 '결과가 좋지 않다면 거짓말을 해서는 안 된다'와 같은 조건이 붙지 않는다. 다른 사람을 속이는 것은 그 자체로 나쁜 행위이기 때문에 거짓말을 해서는 안 된다는 것이다.

칸트는 밤하늘에 빛나는 별처럼 우리 마음에도 양심이라는 별이 아름답게 반짝이고 있다고 했다. 칸트가 아름답게 수놓은 양심은 그 어떤 수단이 아니라 그 자체로 목적이 된다. 누군가 '선한 행위를 하면 좋은 결과가 나온다'고 말한다면, 이때 선한 행위는 수단이고, 좋은 결과는 목적이다. 그러나 칸트의 양심은 수단과 목적이 분리되는 가치가 아니다. 수단이 곧 목적이고 목적이 곧 수단이다. 이것이 현실에서 작동하면 매우 중요한 의미로 다가온다. 드라마 〈대장금〉에서 정 상궁이 최고상궁이 되어 내뱉은 일성이다.

> "내가 최고상궁으로 있는 한, 사람의 입에 들어가는 것은 그 이유가 무엇이든 간에 그 어떤 것의 수단이 되어서는 안 된다."

부와 권력이라는 목적을 위해 음식을 수단으로 악용한 사람들을 향한 사자의 외침이었다. 오늘날 더 많은 돈을 벌기 위해 사람의 몸에 해로운 음식을 속여 파는 것도 목적을 위해 수단을 나쁘게 이용하는 행위다. 드라마 속 정 상궁의 음식 철학은 모든 행위 자체를 목적으로 대하라는 칸트의 철학을 많이 닮아 있다.

거짓말을 해도 가슴이 뛰지 않고, 잘못된 행위를 하고서도 부끄러움을 모르는 사회는 결코 건강하지 않다. 앞서 언급한 동화 〈피노키오〉가 빛나는 이유는 다른 데 있는 것이 아니라 거짓말을 하면 코가 길어진다는 단순한 사실에 있다. 이는 곧 양심이 살아 있다는 확실한 증거가 된다. 먹구름이나 미세 먼지가 가득하면 밤하늘의 별을 볼 수 없듯이, 인간의 탐욕과 어리석음이 두껍게 쌓이면 양심 또한 작동하지 않는다. 양심의 별은 빛나야 한다. 그것이 곧 인간이라는 존재의 속성이기 때문이다.

마르크스

연대의 힘

11

Philosophy of
Last Words

"유언은 살아 있을 때 할 말을 다 못 한 열간이들이나 하는 거야."

Karl Marx
1818~1883

할 말 다 하고 떠난 혁명가

지금은 그렇지 않지만 한때 우리 사회에서 마르크스라는 이름은 금기어였다. 그의 대표작인 《자본론》을 비롯하여 친구인 엥겔스Friedrich Engels(1820~1895)와 함께 저술한 《공산당 선언》은 물론, 마르크스를 소개하는 모든 책이 금서였다. 그와 관련된 책을 소유했다는 사실만으로 잡혀가야 했던 암울한 시대였다. 당시에는 주로 '맑스'라 쓰고 '막스'로 발음했는데, 그래서인지 막스 베버Max Weber(1864~1920)의 책을 들고 가다 경찰에게 붙잡힌 일들도 있었다. 세계가 자본주의와 사회주의 체제로 분열되고, 특히 남북한의 극한 대치라는 상황이 빚어낸 웃픈 역사라 할 것이다. 그는 지구촌 전체를 두 개의 이념으로 분열시키는 데 핵심적인 역할을 한 인물이다. 그만큼 현대 사회에 큰 영향을 끼쳤다는 의미다. 구소련이 붕괴되고 중국이 자본주의적인 요소를 많이 수용하면서 영향력이 약화된 것은 사실이지만, 아직도 그의 철학은 여러 분야에서 적지 않은 힘을 과시하고 있다. 그렇다면 오늘날 우리에게 그는 어떤 의미일까?

마르크스는 독일의 라인 지역에 위치한 트리어에서 태어

났다. 아버지는 유대인 출신의 변호사로서 당시는 이미 기독교로 개종한 상태였다. 그는 법률가인 아버지의 뜻에 따라 본대학에서 법학을 전공하지만, 그의 관심을 끈 것은 역사와 철학, 특히 헤겔 철학이었다. 그러나 이곳에서의 학교생활이 그리 모범적이지는 않았던 것 같다. 술에 취해 학생감옥에 갇힌 적도 있었으니까 말이다. 당시 학생들이 술을 마시고 고성방가를 하거나 싸움을 하게 되면 대학이 경찰을 대신해 학생을 가둘 수 있었다. 법 공부에는 관심이 없고 잦은 사고와 사치스러운 생활로 빚까지 지게 되자, 아버지는 마르크스를 면학 분위기가 좋은 베를린대학으로 옮기도록 한다.

베를린대학에서도 마르크스는 법학보다는 철학에 관심을 가지고 공부하게 된다. 이곳에서 박사과정까지 공부하고 학위논문을 쓰지만, 당시 그의 주장이 보수적인 교수들 사이에서 논쟁이 되자 논문 제출을 포기하고 만다. 마르크스는 신학이 철학에게 지혜의 상석을 양보해야 한다고 주장했는데, 이것이 문제가 되었던 것이다. 대신 그는 진보적 분위기의 예나대학으로 옮겨 가서 논문을 제출하고 마침내 박사학위를 받는다.

마르크스는 대학에 남아 학자의 길을 걷고자 했지만, 프로이센 정부의 방해로 뜻을 이루지 못했다. 당시 보수적인 정부에서는 급진 좌파를 탄압하고 있었는데, 그들은 마르크스가 지나치게 혁명적이라고 판단했다. 어쩔 수 없이 교수의 뜻을 접은 마르크스는 급진적 성향의 《라인신문》 편집장이 되어 자신의 주장을 담은 글을 마음껏 쓰기 시작한다. 여기에서 그는 유럽의 우파 정부와 자유주의자들이 무능하다고 강하게 비판했다. 그러자 프로이센 당국은 《라인신문》을 검열했고 급기야 이 신문은 폐간이 되고 만다.

직장을 잃은 마르크스는 이때부터 힘겨운 망명 생활을 시작했다. 그는 프랑스 파리로 떠나 좌익 계열의 언론사에 취직해서 글을 쓰지만, 이 언론사도 얼마 지나지 않아 문을 닫게 된다. 이때 마르크스는 평생 지기인 엥겔스를 만난다. 파리에서의 생활도 그리 오래가지 못하는데, 프로이센 정부가 프랑스에 마르크스를 추방하도록 요청했기 때문이었다. 조국과 프랑스에서 쫓겨난 그는 벨기에의 브뤼셀로 가서 새로운 망명 생활을 시작한다. 당시 이곳에는 유럽 각지에서 망명한 좌파들이 많이 활동하고 있었다. 마르크스는 이들과 교류하면서 자신의 유물론 철학을 다지게 된다.

한편 조국에서 혁명이 일어나자 마르크스는 잠시 귀국하는데, 이때 친구인 엥겔스와 함께 《공산당 선언》을 출간하게 된다. 마르크스 하면 떠오르는 "만국의 노동자여, 단결하라!"는 유명한 구절이 나오는 책이다. 결국 이 대목이 문제가 되어 그는 다시 추방당하고 만다. 프랑스와 벨기에, 독일 가운데 그를 반겨주는 곳은 어디에도 없었다. 결국 그가 선택한 곳은 영국 런던이었다. 런던에서의 생활 역시 고난의 연속이었다. 극빈한 생활은 계속되었고 병마와의 싸움도 이어가야 했다. 그나마 친구인 엥겔스가 있었던 것이 다행이었다. 경제적으로 여유가 있었던 엥겔스는 마르크스가 자신의 철학을 정립할 수 있도록 물질적인 후원을 해주었다.

어려운 여건에서도 그는 연구를 지속하여 1867년 마침내 《자본론》 1권을 출간한다. 자본이 주인인 세상에서 인간 해방을 외친 그의 대표적인 저술이다. 마르크스는 그 후 2권과 3권을 완성하기 위해 진력했지만, 결국 일을 마무리하지 못하고 세상을 떠나고 만다. 엥겔스는 장례식에서 마르크스의 이름과 저서는 수백 년이 지나도 살아 있을 것이라고 했는데, 그의 말은 지금까지 현실이 되고 있다. 그리고 그는 마르크스가 남긴 유고를 모아 《자본론》 2권과 3권을 출간하여 벗의 철학을 지켜주었다. 마르크스는 죽기 전에 남길 말이 없느냐는 말에 이렇게 답했다 한다.

"유언은 살아 있을 때 할 말을 다 못 한 얼간이들이나 하는 거야."

뭉치면 산다

원고를 쓰기 위해 마르크스를 다시 펼치면서 문득 대학 시절의 한 장면이 떠올랐다. 아마 '역사학 개론' 시간이었던 것 같다. 수업 시간에 한 학생이 교수님께 이런 질문을 했다. 헤겔의 변증법과 마르크스의 유물론에 대해 알고 싶은데, 왜 가르치지 않느냐는 것이었다. 순간 교수님의 얼굴이 빨개지더니 난처한 표정을 지으면서 두 인물에 대해 강의할 수 없는 사정을 이해해달라고 했다. 학생들은 모두 실망하고 있었는데, 다음 수업 시간에 놀라운 일이 벌어졌다. 교수님은 수업 자료를 학생들에게 나눠주면서 두 인물에 대해 강의를 했던 것이다. 아마 학생의 질문에 부끄러움을 느끼고 용기를 냈던 것 같다. 《중용》에서 "부끄러움을 아는 것은 용기에 가깝다"라고 했는데, 그분은 정말 용기 있는 학자였던 것이다.

이처럼 마르크스의 사상은 학문의 자유가 억압받던 독재 권력 아래서는 커다란 용기를 내야만 공부할 수 있는 철학이었다. 이런 인물이 유언이란 살아서는 할 말 다 못 한 이들이나 하는 짓이라고 말하고 떠났다. 그렇다면 자신은 죽을 때까지 할 말 다 하면서 살았다는 것이 아닌가. 그렇다. 실제로 그는 자신이 하고 싶은 말을 거침없이 모두 했을 뿐만 아니라 후세 사람들이 읽을 수 있도록 글로 남겨놓았다. 그만큼 자신의 삶에 최선을 다했다는 의미다. 그리고 전 세계가 아직도 마르크스의 영향에서 벗어나지 못하고 있으니, 그가 했던 말은 허언이 아니었던 셈이다.

그렇다면 그가 우리를 향해 가장 하고 싶었던 말은 무엇이었을까? 아마 전 세계 노동자들에게 연대하라는 메시지가 아니었을까? 앞서 언급한 "만국의 노동자여, 단결하라!"는 말은 《공산당 선언》 마지막에 나오는 구절이자, 마르크스의 묘비명에 새겨진 말이기도 하다. 그만큼 마르크스를 대표하는 상징적인 글귀라고 할 수 있다. 그의 말대로 전 세계 노동자들은 단결을 통해 자신들의 권리와 자유를 향상시켰다. 흔히 노동3권이라 불리는 단결권과 단체교섭권, 단체행동권은 그들이 권력과 자본으로부터 얻어낸 소중한 권리였다. 이뿐만 아니라 헌법이 보장하고 있는 집회, 결사의 자유 또한 노동자의 연대와 협동으로 이뤄낸 소중한 가치였다. 어려운 상황에서도 용기를 가지고 할 말 다 하면서 이뤄낸 결과다.

누구라도 나뭇가지 하나 정도는 어렵지 않게 꺾을 수 있다. 하지만 나뭇가지들을 모아 하나로 엮으면 엄청 단단해져서 쉽사리 부러지지 않는다. 이와 마찬가지로 개인은 힘이 약하지만 서로 힘을 모아 단결하면 상상할 수 없는 엄청난 힘을 발휘하게 된다. 이러한 협동과 연대를 통해 역사는 발전해왔다. 오늘의 우리를 있게 한 4.19 혁명이나 6.10 항쟁은 힘없는 개인들이 뭉쳐서 이루어낸 위대한 역사다. 연대하고 단결해야 할 이유가 분명 있는 것이다. 다음은 〈포이어바흐 테제〉 마지막에 나오는 구절이자, 마르크스 묘비명에 새겨진 또 다른 말이다.

> "철학자들은 세계를 다양한 방식으로 해석해왔지만, 진정 중요한 것은 세계를 변혁하는 것이다."

세계에 대한 해석에만 몰두하고 정작 실천하지 않는 지식인을 향한 사자후다. 실제로 세계를 변혁한 주체는 지식인이 아니라 일반 시민과 학생, 노동자들이었다. 그들이 단결하고 희생해서 얻은 자유와 권리를 지금 우리가 누리고 있는 것이다. 새로운 역사는 이런 과정을 통해서 만들어진다. 전 세계의 노동자들에게 단결하라고 했던 마르크스의 말이 오늘에도 여전히 유효한 이유다. 자신의 권리는 침묵으로 얻을 수 있는 것이 아니다. 할 말을 해야 찾을 수 있는 것이다. 마르크스의 지적처럼, 살아서 해야 할 말을 유언으로 남겨놓는 우를 범하지 않았으면 하는 바람이다.

니체

운명을 사랑하라

12

*Philosophy of
Last Words*

"이제 나는 명령한다.
차라투스트라를 버리고 그대들 자신을 발견할 것을."

Friedrich Wilhelm Nietzsche
1844~1900

차라투스트라의 홀로서기

스무 살 시절 니체의 책을 처음 읽었다. 그 유명한 《차라투스트라는 이렇게 말했다》라는 책이다. 마지막 페이지를 넘길 때까지 가슴이 계속해서 쿵쾅쿵쾅 뛰었다. 살아야 할 이유를 찾지 못해 방황하던 시절이라 그랬는지 모르겠다. 그때 니체는 햇볕 내리쬐는 뜨거운 여름날 오후 해변에서 모닥불을 피우라 한다. 이열치열이라 말하기엔 너무 무모하다. 이건 그냥 열정이다. 삶의 열정 말이다. 그 강렬함에 이끌려, 혹여 삶의 이유가 있을지 모른다는 희망으로 그의 책을 탐닉했다. 《선악의 저편》《즐거운 지식》《비극의 탄생》《우상의 황혼》 등이 그때 읽은 책이다. 사실 무슨 말인지도 모른 채 그냥 읽어댔다. 그와 함께 있는 것만으로 좋았으니까.

　어린 시절 TV에서 재미있게 봤던 〈슈퍼맨〉이나 〈원더우먼〉 모두 실은 니체가 강조한 초인의 아바타였다. 그가 '신은 죽었다'고 선언한 이후 의지할 곳을 잃어버린 인간들에게 초인은 희망의 등불과 같은 존재였다. 신은 죽을 수 없는 존재다. 죽고 사는 것은 인간의 영역이지, 결코 신에게는 해당되지 않는다. 신은 개념적으로 전지전능하고 완전한 존재이기 때문이다. 이러한 신을 죽었다고 말하면서까지 그가 전하고 자 했던 메시지는 무엇일까?

니체는 1844년 독일의 라이프치히 근교에서 목사의 아들로 태어났다. 니체가 다섯 살 때 아버지가 세상을 떠나지만, 훗날 신을 죽인 철학자는 어쩔 수 없이 모태신앙 속에서 어린 시절을 보내야 했다. 이럴 때 쓰라고 운명의 장난이란 말이 생겼는지 모를 일이다. 아버지가 사랑한 신을 아들이 죽였으니 말이다. 아버지에게 성서는 생명이었지만, 비판적 사고가 작동하는 젊은 대학생 니체에게는 비판의 대상일 뿐이었다. 본대학에서 신학과 철학을 공부하던 청년은 라이프치히대학으로 옮긴 후 고전문헌학을 전공하게 된다.

그는 1869년 스물다섯이라는 젊은 나이에 스위스 바젤대학의 교수가 된다. 교수로 재직하는 동안 보불전쟁이 일어나 의무병으로 참전하기도 했으나, 그는 전염병에 걸려 두 달 만에 제대하고 만다. 다시 대학으로 돌아온 니체는 연구와 글쓰기에 몰두한다. 그는 평생을 병마와 싸우면서 보냈다. 편두통, 우울증, 매독, 위경련, 과대망상적 조병, 뇌수막염 등 수많은 질병이 그를 괴롭혔다. 특히 젊은 시절 사랑에 실패하고 사창가를 떠돌다 걸린 매독은 그에게 치명상을 안기고 말았다. 그가 56세라는 많지 않은 나이에 죽게 된 것도 매독 때문이라는 주장이 많다. 건강이 악화된 니체는 강단에 서는 것조차 힘든 상황에 이르렀다. 어쩔 수 없이 그는 학교에 사직서를 내고 요양을 위해 이탈리아와 프랑스 등지로 여행을 떠난다.

건강 회복을 위해 요양을 하면서도 그의 글쓰기는 멈추지 않았다. 니체의 수많은 작품이 이 과정에서 만들어진다. 어쩌면 그의 저서는 병마를 이겨내기 위한 처절한 몸부림이지 않았을까 싶다. 니체라는 이름을 역사 속에 드러낸 명저 《차라투스트라는 이렇게 말했다》도 이 당시 완성된다. 하지만 이때까지만 해도 세상은 그를 알아보지 못했다. 책이 팔리지 않았던 것이다. 심지어 자신의 책을 내줄 출판사를 구하지 못해 자비로 출간한 적도 있었다.

이처럼 니체는 여행을 하면서 글쓰기에 열정을 쏟았지만, 건강을 회복할 수는 없었다. 오히려 병이 악화된 위대한 철학자는 서서히 미치기 시작한다. 1890년 그의 나이 46세, 니체는 거리 한복판에서 발작을 일으키고 쓰러지고 만다. 혼수상태에서 깨어나긴 했지만, 사람들을 향해 알 수 없는 말들을 내뱉곤 했다. 마치 차라투스트라가 시장 통을 거닐면서 신은 죽었다고 외치는 모습과 묘하게 닮아 있다. 병들어 죽어가는 그의 곁에 그나마 어머니와 누이가 남아 있었다.

어느덧 시간이 흘러 20세기를 알리는 1900년이 밝아왔다. 현대철학이 시작되었다고 말하는 시점이다. 하필 니체의 죽음과 함께 시작된 셈이다. 사람들은 니체의 죽음과 함께 근대는 끝났다고 말한다. 신에게서 벗어나 홀로서기를 시도한 용감한 철학자는 그렇게 누이의 이름인 "엘리자베스!"를 부르며 세상과 이별을 고했다. 그가 죽은 후 벗들은 무덤 위에 다음과 같은 묘비명을 써서 니체를 추억했다.

> "이제 나는 명령한다. 차라투스트라를 버리고 그대들 자신을 발견할 것을."

아모르파티, '하고자 하는' 삶

학창 시절 열심히 교회를 다닌 적이 있다. 성가대 활동을 하고 성경 퀴즈 대회도 나갈 만큼 열정적이었다. 그러던 어느 날 '인간이란 무엇인가?'라는 물음이 나를 찾아왔다. 그래서 목사님에게 인간이 사는 궁극적 목적이 무엇이냐고 물어보았다. 그는 하나님을 기쁘게 하는 것이 삶의 이유라고 했다. 결국 나란 존재는 신의 꼭두각시라는 말이 아닌가. 인간이 신의 지음을 받은 존재라고 믿을 때 나오는 당연한 결론인데도 왠지 모를 공허함이 밀려왔다. '그렇다면 나는 아무것도 아니란 말인가?'라는 생각 때문에 더 이상 교회에 나갈 수 없었다. 그때부터 나를 찾기 위한 방황을 시작했고, 그 과정에서 니체에게 끌리게 되었다. 노예가 아닌 주인으로 살고 싶은 욕구가 일어났는지도 모르겠다.

니체를 다시 읽으면서 묘비명에 차라투스트라가 등장한다는 사실을 알게 되었다. 그를 상징하는 단어인 만큼, 정말 탁월한 선택이 아닐 수 없다. 이제 우리는 니체의 망령, 즉 그의 분신과도 같은 차라투스트라를 버리고 각자 자신을 발견하라는 것이 무슨 의미인지를 확인하기 위해 성찰 여행을 떠나야 한다. 그런데 그 여행에는 반드시 지참해야 할 한 권의 책이 있다. 바로 니체의 명저 《차라투스트라는 이렇게 말했다》다.

이 책 서문은 개인적으로 신문이나 잡지에 글을 쓰거나 책을 낼 때 너무 많이 인용해서 민망할 정도지만, 이번에도 인용하지 않을 수 없다. 좋은 구절, 좋은 음식은 음미할수록 좋은 법이다. 여기에서 니체는 인간이 정신적으로 얼마나 성숙한지를 가늠하기 위해 낙타와 사자를 등장시킨다. 먼저 낙타는 '~해야 하는You should' 정신을 상징한다. 인간이 낙타의 등위에 짐을 실으면, 낙타는 어쩔 수 없이 가야만 한다. 인간이 시키는 대로만 하면 낙타는 먹을 것과 마실 것뿐만 아니라 사랑도 받을 수 있다. 하지만 인간이 부여한 의무를 거부하거나 '왜 해야 하나?'는 질문을 던지는 순간, 지금까지 누려왔던 물질적 풍요와 정신적 안락은 모두 사라지고 만다. 인간이 가만 놔두지 않을 것이기 때문이다. 니체는 인간의 노예 의식을 상징하는 동물로 낙타를 선택했다. 낙타 입장에서야 기분 나쁘겠지만 말이다.

이와 달리 사자는 '~하고자 하는I will' 정신을 상징한다. 사자는 자신이 가고 싶은 곳이면 어디든 마음껏 달려갈 수 있다. 저 넓은 초원을 달리는 위풍당당한 모습에서 니체는 자유 의지를 본 것 같다. 그러한 사자 등에 인간은 감히 짐을 실을 수 없다. 그랬다간 목숨을 내놓아야 할 테니 말이다. 아니, 눈앞에 나타나기라도 하면 도망가기 바쁠 것이다. 니체는 낙타로 상징되는 노예 의식을 '망치'로 깨뜨리고 사자같이 그 누구의 구속도 받지 않는 자유로운 삶을 살아야 한다고 외쳤다.

하지만 '망치를 든 철학자'가 제시한 삶의 길이 녹록지만은 않다. '신'이라는 관념이 중심이 된 중세 암흑기를 거치면서 낙타처럼 순응하는 삶이 내면화되었기 때문이다. 그래서 문제의식을 갖고 왜 '해야 하는' 것이 아니라 '하고자 하는' 삶을 살아야 하는지 묻고 또 물어야 한다. 물론 노예에서 벗어나 주인으로 사는 것은 그 자체로 충분한 의미를 가진다. 하지만 니체의 중심 철학인 영원회귀에 비추어보면, 이 질문은 또 다른 의미로 다가온다. 영원회귀란 같은 행위가 영원히 반복된다는 뜻이다. 예컨대 지금까지 언급한 노예의 삶을 살았다면 앞으로도 영원히 노예로 살 수밖에 없다는 것이다.

니체의 영원회귀를 말하지 않더라도 우리 삶이 그렇다. 몸과 입, 생각으로 한 행위는 우리 무의식 속에 쌓여 있다가 다음에도 똑같은 방식으로 작동하기 때문이다. 얼마 전의 일이다. 평소 가스 차를 운행하는데, 사정이 있어서 다른 사람의 경유 차를 운전한 적이 있었다. 그런데 기름이 떨어지자 나도 모르게 가스 충전소로 들어갔다. 이것이 인간 삶의 실존이다. 모든 행위는 무의식에 저장되었다가 자연스럽게 습관이 되고 각자의 삶으로 고착화된다. 그것은 웬만해서는 바꾸기 어렵다. 옛 어른들이 술버릇이 나쁜 사람을 향해 죽어야 고칠 수 있다고 말하는 이유가 있는 셈이다.

그래서 니체의 이야기에 귀를 기울여야 한다. 지금의 어려운 상황을 모면하기 위해 비굴하게 행동하면 다음에도 똑같은 행동을 반복할 수밖에 없다. 그렇기 때문에 '내가 지금 뭐하고 있는 거지?' '이렇게 살아도 되는 걸까?'라는 문제의식이 생겼을 때 앞뒤 재지 말고 자유 의지가 명령하는 대로 실행에 옮겨야 한다. 이때 필요한 것이 어린아이와 같은 용기다. 니체는 사자보다 위대한 정신을 아이로 표현했다. 아이는 언제, 어디서든 자신의 모습에 솔직하고 당당하기 때문이다. 동화 〈벌거벗은 임금님〉에서 솔직하고 당당하게 임금님이 벌거벗었다고 외친 아이처럼 크게 웃으면서 말이다. 그것이 곧 차라투스트라를 버리고 자신을 발견하는 길이다.

몇 해 전 가수 김연자가 부른 〈아모르파티〉가 우리나라 가요계를 강타했다. 라틴어로 자신의 운명Fati을 사랑하라Amor는 뜻이다. 낙타와 같은 노예 의식으로 사는 것은 결코 자신을 사랑하는 길이 아니다. 요즘처럼 자본이 주인인 사회에서는 별다른 문제의식 없이 낙타와 같은 삶을 쉽게 받아들인다. 그 길이 편안하기 때문이다. 하지만 거기에 자유 의지를 가진 '나'는 없다. 그래서 진정한 자신을 찾고자 하는 사람들은 자본 대신 니체를 여행지로 선택하고 있다. 결론적으로 '해야 하는' 삶이 아니라 주인 의식을 갖고 '하고자 하는' 삶을 사는 것이 자신의 운명을 사랑하는 길이다. 니체가 신으로부터 홀로서기를 통해 우리에게 전하고자 하는 메시지도 여기에 있지 않을까? 그런 점에서 니체의 묘지명을 이렇게 21세기 버전으로 바꿔도 좋을 것 같다.

"아모르파티."

비트겐슈타인

멋진 인생

13

Philosophy of
Last Words

"사람들에게 멋진 인생을 살았다 전해주오."

Ludwig Josef Johann Wittgenstein
1889~1951

말할 수 없는 것은 침묵하라

"말할 수 있는 것은 분명하게 말하라. 그러나 말할 수 없는 것에 관해서는 침묵해야 한다."

철학자 비트겐슈타인의 유명한 말이다. 그는 1999년 《타임》이 선정한 20세기 가장 영향력 있는 100인에 포함될 정도로 많은 이의 주목을 받아왔다. 분석철학을 대표하는 비트겐슈타인은 논리실증주의와 언어철학에 지대한 영향을 끼친 인물이다. 그렇다면 앞서 언급한 말할 수 있는 것과 말할 수 없는 것의 기준은 무엇이며, 왜 말할 수 없는 것에 관해서는 침묵을 지켜야 할까? 언어와 정보의 홍수 속에 살고 있는 오늘날 그가 우리에게 전하는 인문학적 메시지를 들어보자.

비트겐슈타인은 1889년 오스트리아 비엔나에서 부유한 집안의 막내로 태어났다. 그의 아버지는 오스트리아에서 제일 큰 철강회사를 소유할 정도로 엄청난 부를 축적한 인물이었다. 그래서 자식들이 공학을 전공해서 사업을 물려받기 원했지만, 아버지의 뜻을 따르기에는 그들의 예술적 재능이 너무 뛰어났다. 안타깝게도 이는 한 가족의 비극으로 이어지는

데, 음악을 고집하던 큰아들이 아버지와의 갈등 속에서 자살하고 만 것이다. 훗날의 일이지만, 둘째와 셋째 아들 역시 자살로 생을 마감하게 된다. 이런 영향 때문인지 비트겐슈타인 또한 평생 자살 충동에 시달린 것으로 알려졌다.

젊은 비트겐슈타인은 영국의 맨체스터대학에서 항공공학을 공부했다. 그런데 이때 읽은 러셀의 《수학 원리》는 그의 인생을 송두리째 바꿔놓고 말았다. 그는 러셀이 있는 케임브리지대학으로 가서 철학을 공부하는데, 이때부터 비트겐슈타인의 천재성이 드러나기 시작한다. 특히 논리학 분야에서 탁월한 능력을 발휘하여 많은 사람의 주목을 받았다.

1914년 제1차 세계대전이 발발하자 그는 조국인 오스트리아를 위해 자원입대를 했다가 포로가 되기도 했다. 놀라운 것은 전쟁 와중에도 끊임없이 사유하면서 책을 썼다는 사실이다. 그것이 다름 아닌 비트겐슈타인을 유명하게 만든 《논리 철학 논고》다. 총탄이 빗발치는 위험한 전장과 포로수용소의 열악한 상황에서도 논리학과 윤리학, 언어의 본성 등에 관해 연구했던 것이다. 보통 사람이라면 쉽게 상상할 수 없는 일이다. 이 책은 분석철학의 바이블로 평가되고 있는데, 특히 주목되는 점은 말할 수 있는 것의 한계에 대한 자신의 생각을 분명하게 드러냈다는 것이다.

비트겐슈타인에 의하면, 검증을 통해 서로 확인이 가능한 것들만 말할 수 있다. 예를 들어, 오랜 시간 가뭄이 지속되다가 비가 내렸다고 해보자. 반가운 마음에 가까이 사는 벗에게 전화를 해서 "친구야, 밖을 내다봐, 비가 내리고 있어"라고 말하는 것은 가능하다. 창문만 열어도 비가 오는지 여부를 확인할 수 있기 때문이다. 문제는 분명하지 않은 사안에 대해서도 아무런 근거 없이 많은 말을 한다는 데 있다. 우리는 겪어보지도 않은 죽음 이후의 세계나 신의 존재 유무를 믿음의 영역에서 벗어나 마치 사실인 양 말하기도 한다. 이런 경우는 말할 수 있는 한계를 벗어났기 때문에 침묵을 지켜야 한다. 한마디로, 검증되지 않은 문제들은 함부로 말을 해서는 안 된다는 뜻이다.

그의 지적처럼 말할 수 있는 것만 분명히 말을 하고 그렇지 않은 문제에 대해서는 침묵을 지킨다면, 오해와 갈등도 줄어들고 사람들 사이의 관계도 좋아질 것이다. 하지만 그렇게 사는 것이 가능하겠는가. 우리는 확인되지 않은 수많은 말을 하면서 누군가와 갈등하기도 하고, 그 과정에서 서로 상처를 주고 받기도 한다. 하나의 현상만 보고 전체를 판단하는 오류도 쉽사리 저지른다. 사람들 사이에 만연한 편견과 선입견도 말할 수 없는 것에 대해 말을 하면서 생긴 부작용이다. 이처럼 언어에는 한계가 있기 때문에, 이를 바로잡고 그 의미를 명료화하는 것이 필요하다. 비트겐슈타인은 그것이 바로 철학의 역할이라고 강조했다. 검증되지 않은 언명들, 즉 말할 수 없는 것들을 철학의 영역 밖으로 던져버린 것이다.

제1차 세계대전 이후 그는 오스트리아의 작은 도시에서 초등학교 교사가 되어 아이들을 가르치기도 했다. 그리고 케임브리지로 돌아와 교수로 임명되어 철학 연구를 이어갔고, 1947년에는 교수직을 그만두고 은둔 생활을 했다. 말년에 이르러 그는 암 판정을 받고 투병 생활을 하다가 자신의 주치의 집에서 이승과의 인연을 마감한다. 다음은 그가 남긴 마지막 말이다.

"사람들에게 멋진 인생을 살았다 전해주오."

원더풀 라이프, 말할 수 있는 세계

비트겐슈타인을 유명하게 만든 또 다른 책으로 그의 사후에 출간된《철학적 탐구》가 있다. 앞서 언급한《논리 철학 논고》가 그의 전기 철학을 대표한다면, 이 책은 후기 철학을 대표한다. 이 책에서 그는《논리 철학 논고》에서 밝히고 있는 철학적 입장을 적지 않게 바꾼다. 예컨대 그는 언어의 의미는 지시, 즉 대상을 가리키는 데 있다고 보았지만, 후에는 그것이 사용되는 맥락에 있다고 했다. 같은 언어라도 어떤 상황에서 사용되었는가에 따라 의미가 다르다는 것이다. 예컨대 '시원하다'라는 표현도 무더운 여름 아이스 커피를 마시면서 말할 때와 숙취를 없애기 위해 뜨거운 해장국을 먹은 후에 말하는 것은 의미가 완전히 다르다. 언어의 지시가 아니라 맥락을 잘 살펴야 하는 이유다.

그는 이승을 떠나면서 멋지게 살았다는 마지막 유훈을 남겼다. 평생 자살 충동에 시달렸던 사람에게서 쉽게 나올 수 없는 말이다. 그에게 멋진 인생이란 과연 어떤 것일까? 비트겐슈타인이 아니기에 이 또한 말할 수 없는 것이지만, 그럼에도 잠시 감정이입을 해서 그의 마음을 헤아려본다. 그는 세상을 떠나기 며칠 전 친구에게 이렇게 말한 적이 있다.

> "내가 이제 살날이 얼마 남지 않았음을 안다고 해도, '미래의 삶' 같은 것에 대해 내가 조금도 생각하지 않는다는 사실은 무척 흥미롭다네. 내 관심은 여전히 현재의 이 삶이고, 내가 여전히 할 수 있는 글쓰기뿐이라네."

죽음을 눈앞에 둔 철학자의 담담한 태도가 느껴지는 대목이다. 문득 에피쿠로스가 떠올랐다. 그는 살아 있는 동안 죽음은 존재하지 않으며, 죽은 후에는 더 이상 살아 있지 않기 때문에 죽음에 대해 걱정할 필요가 전혀 없다고 했다. 중요한 것은 죽은 이후가 아니라 지금 이 순간이라는 것이다. 비트겐슈타인에게 의미 있는 시간 역시 철학적으로 사색하고 글을 쓰고 있는 지금이었다. 말할 수 없는 미래 세계가 아니라 말할 수 있는 현재가 관심의 대상이었던 것이다.

우리가 죽은 이후의 삶에 대해 알 수 있는 방법은 없다. 검증할 수 없는 영역이기 때문이다. 그런데도 사람들은 사후 세계에 대해 수없이 많은 말을 쏟아낸다. 비트겐슈타인 식으로 표현하면 말할 수 없는 것을 말하고 있는 셈이다. 그렇다면 사람들이 사후 세계에 관심을 가지는 이유는 무엇인가? 그것은 바로 두렵기 때문이다. 죽음에 대한 두려움 때문에 그 세계에 대해 많은 말을 하고 있는 것이다. 비트겐슈타인이라고 해서 죽음에 대한 두려움이 전혀 없었던 것은 아니다. 그는 제1차 세계대전에 참전했다가 러시아 군인에게 총을 맞았을 때 이런 말을 한 적이 있다.

"나는 어제 총을 맞았다. 겁에 질렸다. 나는 죽음이 두렵다. 이제 그만큼 삶의 욕망을 느낀다."

누구라도 총에 맞으면 겁에 질리고 죽는 것이 두려울 것이다. 비트겐슈타인 역시 총을 맞고 죽음에 대한 두려움을 느꼈지만, 그만큼 삶에 대한 욕망을 느꼈다고 말했다. 삶에 대한 의지가 강했던 것이다. 반복되는 말이지만 그에게 중요한 것은 현재의 삶이었다.

공자는 죽음 이후의 세계에 대해 묻는 제자를 향해 "삶도 모르는데 어찌 죽음을 알겠는가"라고 답한 적이 있다. 공자 역시 죽음 이후가 아니라 현실에 관심을 두고 평생을 산 철학자였다. 여기에서 공자의 앎은 비트겐슈타인의 말할 수 있는 세계에 대비할 수 있다. 안다는 것은 검증을 통해 사실인지 아닌지를 명료화하는 일이므로 말할 수 있는 세계에 속한다. 반면 모른다는 것은 분명하지 않다는 의미이기 때문에 말할 수 없는 영역이다. 현재의 삶도 모르면서 죽음 이후에 대해 왈가왈부하는 것은 어쩌면 오만일지 모른다. 말할 수 없는 세계에 열정을 쏟느라 정작 중요한 현재의 삶을 놓칠 수 있으니까 말이다.

비트겐슈타인은 말할 수 없는 것에 침묵하고 말할 수 있는 세계에 온갖 정성을 쏟으면서 살았던 철학자다. 형이상학과 종교 등 말할 수 없는 세계가 무의미해서가 아니라, 그것이 옳은지 그른지, 사실인지 아닌지 확인할 수 없기 때문이다. 그가 철학을 언어의 의미를 명료하게 하는 것이라고 말한 이유이기도 하다. 그에게 멋진 인생은 말할 수 있는 세계였다. 말할 수 없는 세계를 좇느라 말할 수 있는 세계의 가치를 모르고 사는 이들에게 비트겐슈타인의 메시지는 울림을 준다. 그는 명료한 세계에서 한바탕 멋지게 놀다 떠난 사람이다. 이 정도면 멋진 인생이었다고 말할 수 있지 않을까?

14

카뮈

산다는 것, 그것만으로도

Philosophy of
Last Words

"뜨거운 돌의 맛이 나는 삶, 바다의 숨결과 매미 소리로 가득한 삶.
미풍은 서늘하고 하늘은 푸르다. 나는 내게 맡겨진 이 삶을 사랑한다."

Albert Camus
1913–1960

젊은 시시포스처럼

"돌이 굴러떨어질 것을 알면서, 거기 정상이 있기에, 우리 모두 젊은 시지프스처럼 지치고 병들 때까지, 우리는 돌을 굴린다."

오선과 한음이 부른 〈시지프스 신화〉의 노랫말이다. 대학 시절 이 노래를 많이 좋아했는데, 이유는 단순했다. 알베르 카뮈의 작품을 주제로 노래를 만들었기 때문이다. 그만큼 이 철학자에게 흠뻑 빠져 있었다. 스무 살 시절 《시지프 신화》라는 책을 처음 읽었을 때 조금 화가 났었다. 글은 분명 한글인데, 도대체 무슨 의미인지 알 수 없었기 때문이다. 이 책은 카뮈가 그리스 신화에 나오는 '시시포스 이야기'를 새롭게 해석한 철학적 에세이다('시지프스' '시지프' '시시포스'는 표기법의 차이일 뿐 모두 같은 단어로, 여기에서는 노래와 책 제목을 제외하고는 모두 시시포스로 통일했다). 오기가 생겨서 이해될 때까지 몇 번을 반복해서 읽었다. 그리고 마지막 페이지를 넘기면서 나도 모르게 눈물을 흘렸다. 살 것인가, 말 것인가를 고민하는 젊은 청춘에게 살아야 할 이유를 제시해주었던 것이다.

카뮈는 사르트르와 함께 프랑스 실존주의를 대표하는 철학자이자, 1957년 노벨문학상을 수상한 유명 작가다. 그의 소설《이방인》과《페스트》는 오늘날까지 독자들에게 많은 사랑을 받고 있다. 카뮈는 1913년 프랑스 식민지였던 알제리의 몬도비에서 태어났다. 당시 그의 아버지는 군 복무 중이었는데, 제1차 세계대전에 참전했다가 전사하고 만다. 그는 청각 장애를 가진 홀어머니 밑에서 힘든 어린 시절을 보내야 했다. 다행히 중고등학교를 거쳐 대학까지 진학했으나 폐결핵에 걸려 중퇴하게 된다. 그 이후에는 가정교사나 자동차 수리공, 기상청 인턴 등 여러 가지 일을 하면서 생계를 꾸려갔으며, 그런 와중에도 틈틈이 글을 써서 잡지에 발표하기도 했다.

누가 뭐라 해도 카뮈를 유명하게 만든 작품은 1942년에 출간한《이방인》이다. 이 소설을 발표하면서 그는 일약 문단의 스타로 떠오르게 된다. 주인공 뫼르소가 왜 총을 쏘았느냐는 질문에 '햇빛 때문'이라 답한 부분이 꽤나 인상적이다. 그리고 이어서 발표한 에세이《시지프 신화》는 그를 20세기를 대표하는 실존주의 철학자로 만들었다. 이 책은 시시포스를 신이 아니라 인간의 시선에서 새롭게 해석한 명저다. 카뮈가 작가이면서 동시에 왜 위대한 철학자인지를 단적으로 보여주는 저서라 할 만하다.

널리 알려진 것처럼 그리스 신화에서 시시포스는 제우스로부터 가혹한 벌을 받는다. 땀을 뻘뻘 흘리면서 무거운 바위를 산의 정상까지 올려놓으면 다시 아래로 굴러떨어지도록 하는 형벌이다. 바위가 떨어질 것을 알면서도 시시포스는 반복해서 정상으로 옮겨야 한다. 인간의 모든 노력을 무의미하게 만드는 참으로 잔인한 형벌이다. 카뮈는 부조리한 세계에서 매일 똑같은 노동을 반복하는 사람들을 보면서 신화 속 시시포스와 같은 운명이라 생각한 것 같다.

하지만 여기에서 카뮈는 반전을 모색한다. 이 신화는 신이 인간을 완벽하게 제압한 것처럼 보이지만, 카뮈는 그렇게 생각하지 않았다. 정상으로 들어 올린 바위가 다시 아래로 떨어진다는 결과만 보면 신의 승리가 당연하지만, 신이 간과한 부분이 있었다. 시시포스가 정상을 향해 한 걸음씩 내딛는 모든 과정, 그리고 이마와 어깨에서 흘러내리는 땀방울은 그 자체로 인간 삶의 의미라는 것이다. 신은 결과를 생각했지만, 카뮈는 결과와 관계없이 이루어지는 삶 자체에서 의미를 찾았다. 카뮈를 위대하게 평가하는 이유다.

흔히 카뮈를 이야기할 때 삶의 부조리와 무의미 등을 먼저 떠올리지만 실제 내용은 그렇지 않다. 그는 오히려 부조리하고 허망하며 무의미한 운명에 반항하면서 자유와 열정적인 삶을 강조한 인물이다. 그 상징적인 인물이 바로 시시포스였던 것이다. 그런데 자신의 삶을 열정적으로 그려왔던 카뮈는 뜻하지 않은 사고로 세상과 작별을 했다. 1960년 1월 4일 친구가 운전하는 차에 탔다가 교통사고를 당한 것이다. 그가 죽은 후 옷을 살펴봤더니 그 안에 전철 티켓이 들어 있었다. 그냥 전철을 탔더라면 안타까운 상황은 피할 수 있었을 텐데, 운명이 이를 비켜가지 않은 듯 싶다. 카뮈의 갑작스러운 죽음이 더욱 허망하게 느껴지는 것은 그가 생전에 이런 인터뷰를 했기 때문이다.

"자동차 사고로 죽는 것보다 더 의미 없는 죽음은 상상할 수 없다."

참으로 아이러니한 상황이다. 이유는 모르겠지만 그의 무덤엔 묘비명이 없다. 위대한 철학자를 이렇게 보낼 수 없어 카뮈에게 어울리는 비명을 생각해보았다.

"뜨거운 돌의 맛이 나는 삶, 바다의 숨결과 이제 막 노래하기 시작하는 매미 소리로 가득한 삶. 미풍은 서늘하고 하늘은 푸르다. 나는 내게 맡겨진 이 삶을 사랑한다."

삶, 그 자체로 의미는 충분하다

인간이란 무엇이며, 어떻게 살아야 할까? 이는 모든 인문학의 근본 물음이다. 그런데 이보다 앞서 우리는 '왜 살아야 할까?'라는 질문을 던지기도 한다. 답이 잘 나오지 않는, 삶의 의미에 관한 꽤나 난감한 물음이다. 누군가는 쓸데없는 질문이라고, 아니 질문 자체가 잘못되었다고 할지 몰라도 문제의식을 느낀 당사자에겐 삶과 죽음이 오가는 절실한 문제다. 실제로 그 이유를 찾지 못해 삶을 놓아버리는 경우도 있으니까 말이다. 젊은 시절의 나 역시 심각하게 던진 물음이었다. 방황과 번민의 날들이 많았던 이유이기도 하다. 대학 4년 동안 살아야 할 이유를 찾지 못하면 삶을 놓겠다는 마음으로 택한 전공이 철학이었다. 그때 처음이자 마지막으로 아버지께 뺨을 맞았다. 늘 자랑이라 여긴 아들이 누구나 알아주는 '그' 대학을 가서 상처 많은 당신의 과거를 보상해줄 거라 믿었는데, 이 녀석이 용기를 내어 숨겨왔던 욕망을 처음으로 드러냈던 것이다.

그때 카뮈를 만났다. 눈에 띄는 대로 그의 책을 읽었다. 카뮈를 읽다 보니 스승인 장 그르니에Jean Grenier(1898~1971)도 눈에 들어와 《섬》이라는 책까지 찾아서 읽곤 했다. 《시지프 신화》를 읽고 눈물을 흘릴 만큼 그는 내 마음을 움직였던 것이다. 그 책은 왜 나에게 커다란 울림을 주었을까? 거기에는 젊은 청춘의 간절한 질문, 즉 왜 살아야 하는지에 대한 이유가 담겨 있었기 때문이다. 카뮈가 새롭게 해석한 시시포스는 신이 내린 형벌과 관계없이 인간으로서 자신의 길을 묵묵히 걸어간 인물이다. 그 발걸음과 어깨 위에서 흘러내리는 땀방울에 의미를 부여하면서 말이다. 한마디로 삶 그 자체에서 의미를 찾은 셈이다. 가수 김종찬이 부른 〈산다는 것은〉이라는 노래에 이런 가사가 나온다.

"산다는 것 그것만으로도 의미는 충분한 거지."

카뮈가 삶과 죽음 사이에서 방황하는 젊은 청춘에게 준 메시지도 다름 아닌 산다는 것 자체로 의미는 충분하다는 것이었다. 단순하지만 살아야 할 이유가 생긴 셈이다. 결은 조금 다르지만 이문열 작가의 《젊은 날의 초상》도 비슷한 문제의식을 가지고 접근한다.

"갈매기는 날아야 하고 삶은 유지돼야 한다. 갈매기가 날기를 포기했을 때 그것은 이미 갈매기가 아니고, 존재가 그 지속의 의지를 버렸을 때 그것은 이미 존재가 아니다.

받은 잔은 마땅히 참고 비워야 한다."

지금도 이 구절을 노트에 써가면서 마음으로 새기곤 했던 기억이 떠오른다. 그의 말처럼 한번 받은 잔은 쓰디쓰더라도 참고 비워내야 한다. 카뮈는 시시포스 신화를 통해 이를 보여주었다. 시시포스는 바위가 아래로 굴러떨어질 것을 알면서도 정상을 향해 걸음을 옮겼다. 그것도 건성으로 마지못해 한 것이 아니라 매우 열심히 정성을 다해. 오선과 한음은 거기에 정상이 있기 때문이라고 노래했지만, 꼭 그런 것만은 아닌 것 같다. 정상이 있든 없든 관계없이 시시포스는 삶의 순간순간을 최선을 다해서 살았다. 이 책을 몇 번에 걸쳐 읽으면서 마음속에 각인된 것도 '성실'이라는 가치였다. 카뮈는 시시포스의 성실한 모습에서 인간 존재의 의미를 찾고자 했던 것은 아닐까? 이는 동양의 고전인 《중용》의 철학적 메시지와 다르지 않다.

"성실은 모든 존재의 시작과 끝이니, 성실하지 않으면 존재라고 할 수 없다."

모든 존재의 근원을 성실에서 찾고자 했던 옛 성현의 마음이 느껴진다. 이는 카뮈가 새롭게 해석한 시시포스의 모습과 통

카뮈

한다고 할 것이다.

앞서 묘비명으로 추천한 글은 그의 산문집인 《결혼·여름》에서 발췌한 것이다. 그는 어느 해 여름 알제리에 있는 티파사 해변에서 자신에게 주어진 삶을 사랑한다고 노래했다. 해변에 있는 뜨거운 돌과 바다의 숨결, 서늘한 미풍, 푸른 하늘 등 이 모든 것과 결혼하지 않으면 나올 수 없는 고백이다. 그리고 그 결혼생활을 아주 성실하게 수행하다가 고요 속으로 떠났다.

카뮈는 교통사고로 죽는 것만큼 의미 없는 죽음도 없다고 말했지만, 그렇다고 해서 그의 삶이 의미 없는 것은 아니었다. 그는 매 순간 최선을 다해 열정적으로 살았기 때문이다. 무엇보다 그는 자신에게 주어진 삶을 사랑한 인물이다. 삶을 그렇게 살아낸 이들에겐 본래 후회가 없는 법이다. 그에게 결과 자체는 이미 의미가 없다는 뜻이다. 그가 새롭게 창조한 시시포스는 이를 상징적으로 보여주는 인물이라 할 것이다.

언젠가 방송 프로그램에서 배우이자 가수인 이승기는 "성실도 끼가 될 수 있다"는 말을 한 적이 있다. 연예인에게 성실함이 끼 못지않게 중요하다는 의미다. 카뮈의 가르침은 오늘날에도 여전히 삶의 곳곳에서 작동하고 있다.

15

사르트르

인생은 선택이다

Philosophy of
Last Words

"나 정녕코 당신을 사랑하오."

Jean Paul Sartre
1905~1980

인간에겐 본질이 없다

불면증으로 잠을 이루지 못하는 지인들에게 우스갯소리로 하는 말이 있는데, 바로 사르트르의 《구토》라는 책을 읽어보라는 것이다. 책이 지루하고 재미가 없기 때문이다. 개인적으로 그렇게 느꼈는지 몰라도, 지루한 책을 읽다 보면 저절로 잠이 오지 않을까 생각했다. 만약 잠이 오지 않고 책에 집중하면 좋은 양서 한 권 읽고 마음의 양식을 쌓게 되니, 이 또한 손해 볼 일도 아니지 않은가. 졸려도 좋고 독서를 해도 좋으니 어찌 보면 두 경우 모두 괜찮은 선택인 셈이다.

조금 가볍게 이야기했지만, 《구토》는 인간의 실존에 관한 다소 무거운 주제를 담고 있는 소설이다. 사르트르에 의하면, 인간은 그 어떤 목적이나 이유 없이 우연히 이 세상에 던져진 존재에 불과하다. 그렇기 때문에 삶의 의미를 찾는 일은 공허한 환상일 뿐이다. 이러한 인간의 실존을 자각할 때 나오는 것이 바로 구토다. 그렇다면 구역질 나는 세상에서 우리는 어떻게 살아야 할까? 사르트르의 이야기를 들어보자.

카뮈와 함께 20세기 프랑스의 지성을 대표하는 사르트르는 1905년 프랑스 파리에서 태어났다. 당시 해군 장교였던 아버지가 두 살 때 세상을 떠나자 그는 외가에서 어린 시절을 보내게 된다. 사르트르의 외할아버지는 평생 아프리카에서 의료 봉사를 실천했던 슈바이처Albert Schweitzer(1875~1965) 박사의 큰아버지다. 어린 사르트르는 대학교수인 외할아버지의 서재에 가득 쌓인 책을 놀이 삼아 자주 읽곤 했는데, 그 과정에서 자연스럽게 작가의 꿈을 키워간다. 이때 읽은 수많은 책은 그가 작가이자 철학자로 성장하는 데 자양분이 된다.

그는 파리 고등사범학교를 졸업하고 평생의 반려자인 보부아르Simone de Beauvoir(1908~1986)를 만나게 된다. 이때 그 유명한 계약 결혼을 하게 되는데, 2년 동안 유지하기로 했던 이들의 계약은 평생 이어진다. 서로에게 얽매이지 않은 자유로운 동거는 지금까지도 많은 이에게 회자되고 있다. 고등학교에서 철학 교사로 학생들을 가르치던 사르트르는 제2차 세계대전이 일어나자 군인으로 전쟁에 참전했다가 독일군의 포로가 되고 만다. 포로수용소에서 풀려난 뒤에도 그는 나치의 지배에 저항하는 레지스탕스에 가담하여 적극적으로 활동한다. 독립운동을 하던 와중에도 1943년에는 《존재와 무無》를 출간하는데, 이 책으로 인해 그는 20세기 실존주의를 대표하는 철학자로 역사에 남게 된다. 전쟁이 끝난 후에는 교사직을 그만두고 작가이자 철학자로서 집필 활동과 사회 운동에 전념한다.

사르트르를 유명하게 만든 《존재와 무》는 그의 철학적 사유가 압축된 명저다. 그에 따르면, 인간을 제외한 모든 존재는 본래부터 정해진 본질이 있다. 본질이란 어떤 사물이 존재하기 위해서 반드시 필요한 속성을 말한다. 예를 들면, 각이 세 개이며 내각의 합이 180도라는 것은 삼각형을 이루는 데 반드시 필요한 본本 바탕質이다. 일상에서 흔히 볼 수 있는 의자는 '앉는다'는 본질을, 칼은 '자른다'는 본래의 특성을 갖추고 있다. 이러한 본질은 시간과 공간이 다르다 해서 변하는 것이 아니다. 서울에 있든 부산에 있든, 10년 전이든 오늘이든 '앉는다'는 의자의 속성은 동일하다는 뜻이다.

그렇다면 인간은 어떤 본질을 갖추고 있을까? 사르트르는 인간은 다른 존재와 달리 고정불변한 본질이 없다고 단호하게 말한다. 인간은 자신의 본질을 스스로 만들어가는 존재이기 때문이다. 예를 들어, 어제까지는 도둑이었지만 오늘부터는 얼마든지 착한 사람으로 살아갈 수 있다는 것이다. 실제로 큰 죄를 짓고 오랫동안 투옥되었다가 출소한 다음, 이와는 본질이 전혀 다른 성직자의 삶을 살아가는 경우도 있다. 가수로 활동하다가 연기자로 변신하는 이들도 흔히 볼 수 있다. 이처럼 인간은 다른 존재들처럼 변하지 않는 본질적 속성에 구속되지 않고 스스로를 만들어간다는 것이 《존재와 무》라는 제목에 담긴 철학적 의미다.

사르트르는 그 누구보다 인간의 자유를 중시했다. 그는 프랑스의 정치에 깊은 관심을 갖고 적극적인 활동을 했는데, 특히 좌익의 입장에서 정부를 비판하곤 했다. 그리고 사회주의 국가인 소련을 지지했지만 공산당에 가입하지는 않았다. 공산당이 비판의 자유를 허용하지 않기 때문이라는 것이었다. 1958년 프랑스 식민지인 알제리가 독립전쟁을 일으켰을 때도 그는 자유를 갈구하는 알제리를 지지했다. 흥미로운 것은 알제리 지지 투쟁에 가담한 사람은 모두 체포되었지만, 사르트르만 예외였다는 사실이다. 당시 대통령이던 드골Charles de Gaulle(1890~1970)에게 그 이유를 묻자, 사르트르는 프랑스이기 때문이라고 대답했다고 한다. 사르트르의 위상을 단적으로 보여주는 대목이다. 그는 노벨문학상을 거부한 것으로도 유명한데, 이 상이 서양 작가에게 편중되었으며, 노벨상이라는 제도가 작품의 가치를 평가하는 것에 동의할 수 없다는 이유에서였다.

사르트르는 말년에 이르러 폐기종을 앓다가 1980년 사망한다. 그의 임종을 지킨 보부아르의 증언에 의하면, 사르트르가 세상을 떠나기 직전 자신의 손을 꼭 잡고 이런 말을 남겼다 한다.

"나 정녕코 당신을 사랑하오."

삶과 죽음 사이의 선택

사진 속 사르트르는 그리 매력적으로 보이지 않는다. 키는 작았으며 세 살 때 오른쪽 시력을 잃은 탓에 사팔뜨기 모습을 하고 있으니까 말이다. 당시 프랑스 지성계의 라이벌인 카뮈와 외모로 비교되기도 했다. 그럼에도 지성과 미모를 갖춘 보부아르는 사르트르를 선택하고 마지막까지 그의 곁을 지켰다. 물론 그들은 결혼생활을 유지하면서 다른 이성과의 만남을 가졌지만, 2년만 맺기로 했던 계약은 평생 지속되었다. 그 이유가 무엇일까? 요즘 말로 하면 사르트르가 뇌섹남이기 때문이 아닐까? 지성에서 풍기는 매력은 외모로는 비교할 수 없을 만큼 보부아르의 마음을 사로잡은 게 아니었을까?

특히 주목되는 것은 사르트르가 그녀의 견해에 많이 공감했다는 사실이다. 여성 인권운동의 상징적 존재인 보부아르는 결혼이라는 제도가 여성의 능력을 억누르고 육아를 비롯한 집안일만 하는 가사노동자로 전락시켰다고 보았다. 이러한 그녀의 생각에 사르트르가 동의하고 계약 결혼을 시작했으니, 얼마나 멋지게 보였겠는가. 사르트르와의 계약 결혼이 자신의 삶에서 최고의 성공이라 고백한 이유도 여기에서 찾을 수 있다. 지금도 두 사람은 한곳에 나란히 묻혀 있다.

인터넷에서 사르트르를 검색해보면 여러 명언이 등장한다. '실존은 본질에 앞선다' '타인은 지옥이다'라는 구절은 학창 시절부터 많이 들었던 내용이다. 이 글을 쓰면서 사르트르에 빠져 그를 탐독했던 젊은 시절이 떠올랐다. 20대 때에는 눈에 들어오지 않았는데, 요즘 마음에 울림을 주는 대목이 있다.

"인생은 B와 D 사이에 있는 C다."

여기에서 B는 탄생Birth이며 D는 죽음Death, C는 선택Choice을 의미한다. 그러니까 인생은 탄생과 죽음 사이의 선택Life is choice between birth and death이란 뜻이다. 단순하면서도 사르트르의 철학과 잘 어울리는 구절이다. 우리는 수많은 선택을 하면서 살아간다. 짜장면을 먹을 것인지 짬뽕을 먹을 것인지도 일상적인 선택의 영역이며, 대학과 직업, 결혼, 이사등 삶 대부분이 이 범주에서 벗어나지 않는다. 짜장면을 먹고 나서 '짬뽕을 먹을걸!' 하고 후회도 하지만, 그 역시 스스로 선택한 일이다. 이런 선택이 모여서 결국 한 사람의 인생을 이룬다. 여기에 그 어떤 정해진 운명이 끼어들 여지가 없다. 오로지 자신의 몫인 것이다. 그래서 사르트르는 단호하게 말한다.

> "인생에 선험적 의미란 없다. 인생에 의미를 부여하는 건
> 당신이고, 당신이 선택한 의미가 곧 인생의 가치다."

우리는 누군가를 사랑하게 되면, 처음부터 이미 정해진 운명
이라고 생각할 때가 있다. 그 사람과의 만남에 운명적 사랑
이라는 의미를 부여하고 싶기 때문이다. 그 사랑을 소중하게
생각하는 마음은 이해하지만, 냉정하게 보면 이는 아름답게
보이기 위한 수사에 불과하다. 사르트르의 말처럼 인생에 본
래부터 주어진 선험적 의미란 없기 때문이다. 그들이 선택한
사랑이 곧 의미이고 가치였던 것이다. 사르트르가 보부아르
를 선택하고 보부아르가 사르트르를 선택한 것처럼 말이다.
사르트르가 세상을 떠나면서 정녕코 당신을 사랑한다고 했
던 말 역시 자신의 선택에 결코 후회가 없으며 그녀를 선택
한 것이 참으로 가치 있는 일이었다고 고백한 것이다.

그렇다면 인생은 왜 선택일까? 말할 필요도 없이 인간의
본질이 본래 없기 때문이다. 의자나 책상은 결코 뭔가를 선
택할 수 없다. 선험적으로 주어진 본질에 충실할 뿐이다. 존
재가 이러한 본질을 상실하면 더 이상 존재가 아닌 것이다.
예컨대 의자의 다리가 부러져서 '앉는다'는 기능을 잃게 되

면 더 이상 의자가 아닌 것과 같다. 하지만 인간은 다르다. 본래부터 주어진 본질이 없기 때문에 자신의 운명을 선택하고 창조할 수 있다. 사르트르는 보부아르와의 계약 결혼을 선택했고 노벨상 수상을 거부하는 선택을 했다. 자신만의 철학과 자존감 없이는 쉬이 할 수 없는 선택이다. 그리고 그는 그 선택에 후회하지 않았다.

인생이 선택이라는 사르트르의 통찰에는 자유라는 기본 전제가 깔려 있다. 자유가 있기 때문에 선택할 수 있다는 뜻이다. 그가 그토록 강조했던 자유 말이다. 예전에 노예는 사고파는 물건이었으며, 누구의 소유물이라는 본질이 정해져 있었다. 자유가 주어지지 않았기 때문에 자신의 의지대로 선택할 수 없는 것은 당연한 일이었다. 지금은 그런 시대가 아니다. 얼마든지 자유의지를 가지고 자신의 운명을 선택할 수 있다. 타인의 욕망이 아닌 자신의 욕망에 따라 당당하게 선택을 하고 그 선택에 책임을 다하는 것, 여기에 인간의 위대함이 있는 것이 아닐까?

동양편

16

붓다

무상을 직시하라

Philosophy of
Last Words

"너희는 저마다 자신을 등불로 삼고 자기를 의지하라.

또한 진리를 등불로 삼고 진리를 의지하라.

이 밖에 다른 것에 의지해서는 안 된다."

Buddha

진리에서 왔다 진리로 돌아가다

2,600여 년 전 인도의 룸비니 동산에서 인류의 역사를 바꾼 한 인물이 등장한다. 바로 마야 부인과 슈도다나왕 사이에서 태어난 싯다르타. 후에 샤키아무니 붓다라는 이름으로 세상에 알려진 아이는 일곱 발자국을 걸으며, 그 유명한 "하늘 위 하늘 아래 오직 나 홀로 높다天上天下 唯我獨尊"라는 사자후를 외친다. 피상적으로 볼 때 이 말은 자신이 제일 잘났다는 의미로 읽히지만, 사실은 그렇지 않다. 인간은 신분이나 성별, 피부색에 관계없이 모두가 존엄한 존재라는 뜻이다. 한마디로 위대한 인간 선언이다. 이 외침은 인류가 지속되는 한 결코 사라지지 않을 진리로 남을 것이다.

싯다르타가 태어난 지 얼마 지나지 않아 어머니 마하마야는 세상을 떠나고 이모인 마하파자파티에 의해 자라게 된다. 주위의 온갖 사랑과 축복을 받으면서 자란 아이는 아버지의 뒤를 이어 훌륭한 임금이 될 것 같았다. 적어도 그가 성문 밖을 나가기 전까지는 그랬다. 젊은 청년은 몰래 성 밖을 빠져나가 늙고 병들어 죽은 사람을 차례대로 만난다. 이 낯선 상황과의 만남에서 그는 충격을 받고, '아! 나도 언젠가는 저렇게 되겠지'라고 생각生覺한다. 궁궐이라는 익숙한 상황에서 잠자고 있던 그의 삶生이 낯선 상황을 만나 깨어나는覺 순간이다. 이때 화려한 왕자에서 고단한 출가 사문의 삶으로 일대 전환이 일어난다.

29세에 집을 나온 구도자 싯다르타는 생사를 넘나드는 혹독한 수행을 이어간다. 그는 당시 유행하던 선정禪定과 고행苦行을 6년 동안 수행하지만, 남은 것은 뼈가 드러날 정도로 앙상하게 말라버린 몸뚱이와 괴로운 마음뿐이었다. 그는 몸을 괴롭힌다고 해서 마음의 고통이 사라지는 것이 아니라는 사실을 깨닫는다. 수레가 가지 않으면 말에게 채찍질을 해야 하는데, 그동안 수레바퀴에 채찍질을 해온 것이다. 그는 자신의 시행착오를 인정하고 지금까지 해왔던 고행을 과감히 버린다. 그리고 진리를 깨치기 전에는 결코 일어서지 않겠다는 마음으로 보리수 아래에 가부좌를 틀고 앉았다. 그리고 마침내 진리의 빛이 다가와 그의 마음을 환하게 밝혀주었다. 중생 싯다르타가 진리를 깨치고 붓다로 새롭게 태어나는 순간이다. 그의 나이 35세 때의 일이다.

이후 그는 자신이 깨친 진리를 대중에게 모두 개방한다. 당시 정신문화를 독점함으로써 부와 권력을 유지했던 브라만들에게는 충격으로 다가왔지만, 붓다의 입장은 단호했다. 그에게 진리는 소수를 위한 것이 아니라 모든 이를 위한 가르침이기 때문이다. 이제 돈이나 권력이 없어도, 심지어 문자를 몰라도 진리의 길을 갈 수 있게 되었다. 수많은 사람이 붓다의 친절한 가르침으로 진리에 눈을 떴다. 그렇게 45년 동안을 전법에 힘쓰다가, 그는 쿠시나가라에서 여든이라는 나이로 세상과 이별하게 된다.

붓다를 가리키는 명호 중에 여래란 말이 있다. 이는 본래 여래여거如來如去의 준말로, 진리에서 왔다가 진리로 돌아간 자라는 뜻이다. 그는 보리수 아래에서 위대한 진리를 깨치고 그 세계에 머문 것이 아니라 다시 중생이 사는 곳으로 돌아갔다. 그곳 소식을 대중에게 전하기 위해서다. 그렇다면 진리의 소식이란 무엇을 가리키는 것일까? 바로 붓다의 핵심 가르침인 연기緣起, 삼법인三法印, 사성제四聖諦 등이다. 그는 이 세상을 떠나는 마지막 순간에도 그 소식을 유훈으로 남기고 진리의 세계로 다시 돌아갔다.

> "너희는 저마다 자신을 등불로 삼고 자기를 의지하라. 또한 진리를 등불로 삼고 진리를 의지하라. 이 밖에 다른 것에 의지해서는 안 된다. 모든 것은 무상하니, 게으르지 말고 부지런히 정진하라."

그는 참으로 잘 갔지만 남겨진 이들의 슬픔까지 가져가진 못

했다. 제자들은 물론 사슴이나 토끼, 지렁이 들도 그의 죽음
을 슬퍼했다고 전한다. 그렇다면 그가 떠나면서 남긴 마지막
유훈에는 어떤 메시지가 담겨 있을까?

그 언젠가가 바로 지금

필자는 지금까지 우리나라에서 가장 아름답다는 내장산 단
풍을 한 번도 본 적이 없다. 그렇다고 내장산에 가보지 않은
것은 아니다. 봄과 여름, 겨울에는 수없이 가봤다. 특히 눈이
많이 내리는 겨울의 내장산은 그야말로 장관이다. 하지만 정
작 가을에만 가보지 못했다. 단풍철에는 전국에서 수많은 인
파가 몰려들기 때문에 가까이 사는 사람들이 조금 양보하자
는 생각이었다. 그것이 얼마나 큰 착각이었는지 아는 데 적
지 않은 시간이 걸렸다. 물론 언제든 내장산의 단풍을 볼 수
는 있지만, 중요한 것은 그때와 지금의 단풍은 서로 다르다
는 사실이다. 한번 지나간 시간은 다시 돌아올 수 없는 법.

> "이 세상에 변치 않는 것은 없다. 변치 않는 것이 있다면
> '이 세상에 변치 않는 것은 없다'라는 명제뿐이다."

미국의 사회학자 다니엘 벨Daniel Bell(1919~2011)의 말이다. 불교의 제행무상諸行無常을 참으로 간명하게 표현한 명언이다. 무상이란 글자 그대로 영원한 것은 없다는 뜻이다. 존재하는 모든 것은 실체가 없다는 무아無我와 더불어 불교의 핵심 사상이다. 우리는 평소 영원한 것은 없다는 사실을 잊고 산다. 부모님이나 형제, 벗들과 식사 한번 하는 일도 바쁘다는 핑계로 다음으로 미루는 것이 일상이 되어버렸다. 다음이라는 시간이 영원히 존재할 것처럼 말이다. 그러나 이는 무상의 위력을 간과한 것이다. 다음은 관념 속에만 존재할 뿐이다. 언젠가 다음에 밥 한번 먹자라는 예의상 멘트는 사랑하는 사람에게 날리는 것이 아니다. 사랑은 내일이나 그 언젠가가 아니라 바로 지금 여기에서 실천해야 할 일이다.

"그 언젠가가 바로 지금이다."

영화 〈이프 온리〉에 등장하는 대사다. 영화 속 주인공은 사랑하는 여인이 간절히 원하는 것을 바쁘다는 핑계로 늘 다음으로 미룬다. 이에 상처받은 여인은 남자를 떠나 택시를 타고 가다 불행히도 교통사고로 죽고 만다. 그런데 영화에서는 기적적으로 같은 시간이 한 번 더 주어진다. 주인공은 그 소중한 지금이라는 시간을 언젠가로 미루지 않고 당장 실행에

붓다

옮긴다. 물론 결과도 달라지고 여인 또한 죽지 않는다. 영화처럼 현실에서도 같은 시간이 주어지면 좋겠지만, 그것은 그저 바람일 뿐이다. 그러니 무상의 위력을 간과하지 말고 지금 나에게 주어진 인연에 최선을 다해야 한다. '그 언젠가가 바로 지금'이라는 생각으로 산다면 자신의 인생에 후회라는 단어가 머물 공간은 별로 없을 것이다.

붓다의 마지막 유훈은 우리에게 인문학의 근본 물음인 '인간이란 무엇이며, 어떻게 살 것인가?'에 직접적인 답을 준다. 붓다의 가르침에 따르면, 인간이란 본래 우주의 주인공이다. 그렇기 때문에 그 누구도 아닌 자기 자신과 진리에 의지하는 삶을 살아야 한다. 그것이 바로 유명한 '자등명법등명 自燈明 法燈明'이다(원래는 등불燈이 아니라 섬島인데, 한역하는 과정에서 바뀐 것으로 추정되고 있다). 붓다가 마지막까지 전하려 했던 진리 또한 무상이라는 존재의 실상이었다. 세상에 영원한 것은 없다는 엄연한 현실을 직시하고 지금의 순간순간을 최선을 다해 후회 없이 가꾸고 정진하라는 것이 우리에게 남긴 철학적 메시지였다. 모든 것은 헛되기 때문에 삶을 무의미하게 바라보는 허무주의와는 격이 달라도 한참 다르다. 삶을 염세적으로 바라보는 허무와 적극적이고 주체적인 삶을 살라는 무상을 결코 혼동해서는 안 된다.

필자가 아직까지 내장산 단풍을 보지 못한 것은 그 '언젠가'라는 시간이 영원히 있을 것이라 착각했기 때문이다. 그러나 붓다는 그런 시간은 없다고 잘라 말한다. 영화 속 대사처럼 그 언젠가가 바로 지금이다. 《장자》에서도 인연 따라 주어진 삶을 즐기라 하지 않았던가. 그러니 지금이라는 시간을 헛되이 보내지 말고 주어진 인연을 지혜롭게 가꾸고 즐길 줄 알아야 한다. 그것이 곧 한 번뿐인 나의 삶에 대한 예의다.

17

공자

사람이면 사람답게 살라

"하늘이 무슨 말을 하던가!
사시가 운행하고 만물은 생장하지만,
하늘이 무슨 말을 하던가!"

孔子
BC551~BC479

하늘은 아무 말도 없었다

"공자에게 찢어진 청바지를 입혀보자."

오래전 대학 강단에서 동양사상을 강의할 때 학생들을 향해 야심 차게 뱉은 말이다. 많은 사람이 고리타분하게 생각하지만, 21세기의 20대 청춘에게도 공자의 유학은 여전히 살아 숨 쉬는, 의미 있는 사상이라는 점을 강조하고 싶어서였다. 당시 나름대로 발버둥 치면서 그가 강조한 인仁, 즉 사람이면人 사람답게人 살아야 한다는 사상을 전하려고 애쓴 기억이 있다.

《공자가 죽어야 나라가 산다》라는 책이 출간되어 세간에 화제가 된 적도 있다. 긍정적이든 부정적이든, 공자라는 인물이 아주 오랫동안 우리 사회 전반에 끼친 영향이 크다는 점은 인정할 수밖에 없다. 예컨대 사람이 살아가면서 겪게 되는 네 가지 중요한 의식인 관혼상제冠婚喪祭, 즉 관례와 혼례, 상례, 제례에서도 유교적 전통이 오늘까지도 진하게 남아 있다. 그렇다면 공자라는 인물은 어떤 삶을 살았으며 마지막 순간까지 지키고자 했던 가치는 무엇이었을까? 또한 그것이 오늘의 우리에게 던지는 인문학적 메시지는 무엇일까?

흔히 옳지 않은 일인데도 눈앞의 이익을 위해 서로 힘을 합치는 것을 야합이라고 한다. 선거철이 다가오면 정치권에서 많이 듣게 되는 단어다. 그런데 본래 야합은 사마천司馬遷(BC145?~BC86?)이 《사기》에서 공자의 출생을 두고 한 말이다. 그에 의하면 공자는 '야합으로 태어났다野合而生'고 한다. 글자 그대로 남녀가 들에서 합쳤다는 것인데, 그만큼 공자의 출생이 정상적이지 않았다는 의미다. 공자의 아버지 숙량흘叔梁紇은 제나라와의 전쟁에서 공을 세운 노나라 무관 출신으로 아홉 명의 딸과 몸이 성치 못한 한 명의 아들이 있었다. 숙량흘은 일흔이 넘은 나이에 안징재顔徵在라는 10대 소녀와 결혼해서 아들을 낳았는데, 그가 바로 공자다. 공자가 사생아였다는 이야기도 이런 배경에서 나온 것이다.

공자가 세 살 되는 해 아버지가 세상을 떠나고 어머니 역시 열여섯 살 정도 되었을 때 삶을 마감하게 된다. 그가 어릴 때부터 힘들게 성장했다는 것을 짐작할 수 있는 내용이다. 공자는 가축을 돌보거나 정원을 관리하고 창고 출납을 담당하는 일 등을 하면서도 공부를 게을리하지 않았다. 그래서 20세가 넘어서는 예법에 정통한 학자로 성장하게 된다. 그는 자신이 배운 지식을 바탕으로 여러 나라를 돌아다니면서 인의仁義를 실천해야 한다고 역설했지만, 그의 사상을 받아들인 왕은 거의 없었다.

고향인 노나라로 돌아온 공자는 한때 대사구大司寇, 오늘날 법무부 장관에 해당하는 관직을 맡기도 했다. 자신의 이상을 현실에서 펼칠 수 있는 좋은 기회가 주어졌지만, 그리 오래가지 못하고 자리에서 내려오게 된다. 다시 유랑 생활을 시작한 그는 제자들과 여러 나라를 돌아다니면서 자신의 사상을 군주들에게 전하려 안간힘을 썼다. 이번에도 그의 인문 정신을 높이 사준 위정자는 없었다. 그들의 관심은 군사력을 키워 다른 나라를 정복하는 데 있었기 때문이다. 그는 모든 것을 포기하고 고향으로 돌아와 제자들을 양성하는 데 힘을 다하게 된다.

공자가 이상적으로 생각한 사회는 주나라 왕조가 확립한 봉건제였다. 그가 살았던 시기는 봉건제가 해체되고 천자와 제후, 대부 간의 질서가 무너진 혼란기였다. 중국 역사에서 춘추시대라고 불리는 하극상의 시절이다. 공자는 무너져가는 봉건제를 재건하기 위해 평생 애썼다. 그가 자신의 이상을 실현하기 위해 만난 임금만 해도 30여 년 동안 72명에 달한다고 한다. 그 가운데 자신을 이해해주는 왕이 거의 없었으니, 얼마나 외롭고 고단한 시간이었을까? 그는 고향에서 제자들을 양성하다가 73세에 이르러 이런 말을 남긴다.

"하늘이 무슨 말을 하던가! 사시가 운행하고 만물은 생장
하지만, 하늘이 무슨 말을 하던가!"

공자는 이 말을 남기고 침묵 속으로 들어갔다. 그렇게 7일이
흐르고 그는 영원히 잠들었다. 이때도 하늘은 아무 말도 하
지 않았다. 그의 제자들은 공자의 무덤에서 3년 상을 치렀으
며, 일부는 6년 상을 모시기도 했다.

사람다운 일을 하는 데 대가를 구하지 말라

그는 왜 자신의 삶을 마감하면서 이 말을 남긴 채 말문을 닫
아버렸을까? 평생 전국을 돌아다니면서 자신의 사상을 역설
했지만 귀 기울인 임금이 없었던 것에 대해 하늘을 원망한
것이 아닐까도 생각해보았다. 그렇게 해석할 여지가 없는 것
도 아니다. 지친 몸을 이끌고 고향으로 돌아와서 제자들을
양성하다가 자신이 가장 아끼던 제자 안회顏回가 죽자 "하늘
이 나를 버리는구나"라고 말한 적도 있기 때문이다. 그런데
이렇게 해석하는 것은 그의 명성과 어울리지 않는다. 그의
전 생애를 살펴봐도 역시 그렇다. 그렇다면 그의 마지막 유

훈에는 어떤 메시지가 담겨 있을까?

봉건제와 인의는 공자 사상 전체를 관통하는 키워드라고 할 수 있다. 그는 제도적으로 봉건제 재건을 꿈꾸었으며, 사상적으로 인의를 확립하는 데 온몸을 바쳤으니까 말이다. 인의란 쉽게 말하면 사람답게 사는 것仁이 옳은義 길이라는 뜻이다. 공자 하면 떠오르는 인仁은 사람 인亻 자 두二 개로 이루어진 글자다. 그러니까 인은 단순히 어질다는 뜻이 아니라 사람이면 사람답게 살아야 한다는 의미다. 공자는 평생을 사람답게 사는 길이 무엇일까를 고민했다. 지금은 진부하게 생각하는 삼강오륜이니 효제충신이니 하는 말은 당시 그가 고민 끝에 내놓은 해답이었다.

공자는 사람답게 살기 위해서 가장 먼저 해야 할 일이 정명正名, 즉 이름을 바로 세우는 것이라고 했다. 모든 사물에는 이름이 있고 그에 어울리는 실재 내용이 갖춰져 있다. 예컨대 '의자'라는 이름에는 '앉는다'는 본질이 담겨 있다. 그렇기 때문에 다리가 부러져서 앉는 기능을 상실한다면 의자라고 부를 수 없다. 이때는 부러진 다리를 고쳐서 앉는 기능을 회복해야 명실상부한 의자라고 할 수 있다.

사람 역시 주어진 이름에 합당한 내용을 충실히 갖추어야 한다. 그것이 유명한 '군군신신君君臣臣' '부부자자父父子子'다. 임금은 임금답고 신하는 신하다워야 하며, 아버지는 아버지답고 아들은 아들다워야 한다는 뜻이다. 이것을 제도적으로 뒷받침한 것이 바로 봉건제였다. 봉건제는 천자와 제후, 대부라는 이름에 맞는 역할과 내용이 분명하게 규정된 체제였다. 그런데 당시는 그 체제가 무너지면서 대부와 제후가 천자를 뒤엎는 혼돈의 시기였다. 임금과 신하의 관계뿐만 아니라 부모와 자식, 형과 아우, 어른과 아이 사이의 도덕 질서 역시 무너지고 있었다. 한마디로 사람답지 않은 시대가 계속되고 있었던 것이다. 그가 질서를 중시하는 봉건제의 재건을 꿈꿨던 이유가 여기에 있다.

그렇다면 왜 사람답게 살아야 하는 것일까? 도대체 어떤 대가가 주어진다고 내 몸 하나 챙기기 어려운 혼란의 시기에 인의를 실천해야 하느냐는 것이다. 그의 대답은 아주 단순하다. 그저 그 일이 옳기 때문에 실천할 뿐이라는 것이다. 이에 대해 하늘은 그 어떤 말도 하지 않고 보상해줄 생각도 없다. 공자 역시 아무런 기대도 하지 않았다.

공자의 손자인 자사子思가 쓴 《중용》에 '자신을 바르게 할 뿐 다른 사람에게서 구하지 않는다'는 구절이 나온다. 옳은 일을 하면서도 사람들로부터 칭찬이나 대가를 바라고 그것이 주어지지 않으면 실망이나 원망을 하는 이들에게 서릿발 같은 가르침이다. 공자는 그저 사시가 운행하고 만물이 생장하는 것처럼 사람다운 길을 걸었을 뿐이다. 다른 사람이든,

하늘이든 그 어떤 대답도 원하지 않았다. 그가 삶을 정리하면서 "하늘이 무슨 말을 하던가!"라고 말한 이유도 바로 여기에 있다. 공자가 왜 지금까지 성인으로 추앙되고 있는지 알 수 있는 부분이기도 하다.

불의不義한 일은 참아도 불리不利한 일은 참지 못하는 세상에 공자의 마지막 유훈은 여전히 의미 있는 울림으로 다가온다. 공자는 '어떻게 살 것인가?'를 고민하는 이들에게 근원적인 질문을 던진다. 옳음과 가치를 좇을 것인지, 아니면 이익과 가격을 좇을 것인지. 그저 생존이 목적이라면 몰라도 삶을 의미로 바라본다면 후자를 선택하지는 않을 것 같다.

아난다

무아를 자각하라

*Philosophy of
Last Words*

"너무 슬퍼하거나 그리워하지 마오.
열반은 내가 청정해지는 것이니,
모든 존재가 없기 때문이오."

Ānanda

진리의 길에 남녀는 없다

마음으로 존경하는 스님이 있다. 그분은 가끔 자신의 인물이 잘나지 않아서 지금까지 중노릇 하고 있는 것이지, 만약 미남이었다면 수행 생활이 쉽지 않았을 것이라 말하곤 한다. 물론 우스갯소리로 하는 얘기지만, 실제로도 그럴 것 같다는 생각이 든다. 붓다의 제자 아난다의 경우, 잘생긴 외모로 숱한 고초를 겪었으니까 말이다. 당시 천민 출신의 한 여인이 아난다에게 첫눈에 반해 상사병에 걸리자 그녀의 어머니가 주술을 사용하여 그를 집으로 끌어들인 사건이 있었다. 붓다가 이를 알고 무사히 구출하긴 했지만, 아난다의 잘생긴 외모는 교단에 이런저런 소란을 일으키는 원인이 되었다.

여인들의 질투가 불러온 사건도 있다. 승가에 공양물로 들어온 음식을 가난한 이들에게 한 개씩 나눠주는 과정에서 아난다가 무심코 어느 예쁜 소녀에게 두 개를 건넨 적이 있었다. 사소한 실수인데도 뭇 여인들의 항의가 빗발치자 붓다가 직접 나서서 해명하기도 했다. 이처럼 수행자의 잘생긴 외모는 복이 아니라 때로는 장애로 작용하기도 한다. 물론 아난다는 이를 잘 극복하고 열심히 수행하여 깨달음의 경지에 이르렀으며, 붓다의 10대 제자에도 이름을 올렸다.

잘 알려진 것처럼 불교의 모든 경전은 '이와 같이 내가 들었다如是我聞'라는 문구로 시작한다. 붓다가 언제 어느 곳에서 누구에게 어떤 가르침을 전했는지 직접 보고 들었다는 내용이다. 여기에 등장하는 '내가' 바로 아난다로, 붓다의 사촌 동생이다. 평생을 붓다 곁에서 시봉했기 때문에 제자 가운데 가장 많은 가르침을 들은 인물이기도 하다. 그래서 다문제일多聞第一이라는 타이틀이 항상 따라다닌다. 붓다 입멸 후 열린 경전 편집회의에서 그가 중요한 역할을 맡을 수밖에 없었던 이유도 여기에 있다.

아난다는 붓다가 보리수 아래에서 깨달음을 성취한 날 밤에 태어났다. 사촌 형인 붓다가 35세에 깨달음을 얻었으므로 서른네 살의 차이가 나는 셈이다. 붓다의 아버지인 슈도다나 왕은 붓다가 성도成道한 매우 기쁜 날 태어났다고 해서, 그에게 '환희' '기쁨'이란 뜻의 아난다라는 이름을 지어주었다. 그는 어린 나이인 여섯 살에 출가했으며 스무 살 무렵부터 붓다가 입멸할 때까지 곁에서 정성껏 시봉했다. 아난다는 붓다와 갈등 관계에 있었던 데바닷타의 친동생이기도 하다. 그는 친형이 아니라 사촌 형인 붓다의 길을 따랐으니, 인간적인 고뇌가 얼마가 컸겠는가.

아난다는 여성 출가의 길을 열었다는 점에서 불교 역사에 큰 족적을 남긴 인물이다. 당시 인도 사회는 카스트로 알려진 신분 간의 차별뿐만 아니라 남녀 간의 차별 또한 극심했다. 그런 상황에서 천대받는 여인이 출가 사문이 된다는 것은 상상할 수 없는 일이었다. 그런데 혁명에 가까운 일을 이루어낸 사람이 바로 아난다였다. 당시 붓다의 이모인 마하파자파티를 비롯한 500명의 석가족 여인은 출가를 간청했지만, 붓다는 이를 거절했다. 여성의 몸으로 나무나 바위 아래서 잠을 자는 사문의 생활을 감당할 수 없다고 생각했기 때문이었다. 그러자 아난다가 붓다에게 직설적으로 물었다.

"여성들도 수행하면 깨달음을 얻을 수 있습니까?"

붓다는 고개를 끄덕이면서 "물론 그렇다"라고 대답했다. 아난다는 이 기회를 놓치지 않고 즉각 한마디를 던진다.

"그렇다면 여성의 출가를 허락해야 하지 않겠습니까?"

진리의 길을 가는 데 남녀가 따로 있을 수 없다는 생각에 붓다는 마음을 바꾸고 여성의 출가를 허락한다. 다만 출가한 여성들을 보호하기 위한 목적으로 비구가 없는 곳에서는 안거安居를 보내지 말아야 한다는 등의 안전장치를 마련했다.

안거란 비가 많이 내리는 우기 동안 외출하지 않고 함께 모여 수행하는 것을 말한다. 남녀평등의 가치가 불교라는 새로운 종교 안에서 실현되는 역사적 순간이다.

아난다는 붓다 입멸 후 카시아파(가섭)의 뒤를 이어 교단을 이끌게 된다. 기록에는 무려 120세까지 살다가 열반한 것으로 되어 있다. 그는 갠지스강 중류에서 마가다국의 왕과 바이샬리국의 왕에게 이 말을 남긴 채 조용히 고요 속으로 들어갔다.

> "두 왕이여, 부디 잘 계시오. 너무 슬퍼하거나 그리워하지 마오. 열반은 내가 청정해지는 것이니, 모든 존재가 없기 때문이오."

무아를 자각하는 삶

《경덕전등록》에 나오는 아난다의 마지막 모습을 그려보았다. 그런데 그는 왜 갠지스강 중류 한가운데에서 열반에 들었을까? 그것은 어느 한 지역에서 입멸하게 되면 자신의 사리를 두고 여러 나라가 다툴 것이라 생각했기 때문이었다.

그는 떠나는 마지막까지 갠지스강을 둘러싸고 있는 나라들이 혹여 자신으로 인해 싸움이 벌어지지 않을까 염려했던 것이다. 아마도 붓다가 입멸했을 때 여덟 나라에서 사리를 자신의 나라로 가져가려고 싸웠던 기억을 떠올렸던 것 같다. 참으로 배려심이 깊은 인물이다.

당시 마가다국의 왕은 붓다와 카시아파의 입멸을 보지 못했다. 왕은 아난다의 마지막 모습만은 지키고 싶어서 이승을 떠날 때 미리 알려달라고 부탁을 했었다. 아난다는 그 약속을 지키기 위해 왕궁으로 갔지만, 마침 왕은 자리를 비우고 없었다. 뒤늦게 이를 알게 된 왕은 갠지스강으로 달려가서 그의 마지막을 보게 되었다. 그 자리에는 바이샬리의 왕도 함께했기 때문에 두 임금에게 유훈을 남긴 것이다. 그렇다면 아난다의 열반송을 통해 우리는 어떤 철학적 메시지를 배울 수 있을까?

아난다는 두 임금에게 너무 슬퍼하지 말라고 달래면서 열반이란 내가 고요하고 청정해지는 것이라고 말했다. 그 이유는 다름 아닌 자신을 비롯한 모든 존재가 무아無我이기 때문이다. 결국 아난다는 붓다의 핵심 가르침인 무아를 자각하라는 유훈을 마지막으로 남긴 것이다. 무아를 흔히 '내가 없다'고 해석하는데, 여기에서 '나'란 요즘 말로 자아나 본질, 혹은 자기 동일성, 정체성 등으로 표현할 수 있다. 예컨대 의자의 본질은 '앉는 것'이며, '책을 보는 데 쓰는 것'이 책상의 자아다. 지극히 상식적인 일에 붓다는 심하게 태클을 걸었다. 한마디로 '책을 보는' 책상의 본질을 부정한 것이다. 왜 그랬을까?

평소 무아를 쉽게 설명하기 위해 스마트폰을 예로 들곤 한다. 스마트폰은 아무리 많은 기능을 가지고 있어도 그 본질은 '전화를 하는 데 쓰는' 것이다. 한마디로 기능이 다양한 휴대용 전화기라고 할 수 있다. 그런데 전화를 하는 데 쓰는 본질을 고집했더라면 과연 스마트폰이 탄생할 수 있었을까? 아마 어렵지 않았을까 싶다. 전화기라는 자아를 해체했기 때문에 본질이 전혀 다른 TV나 내비게이션, 카메라, 신용카드 등을 그 안에 담을 수 있었다. 무아적 사유가 없었다면 불가능한 일이다.

혁신의 아이콘 스티브 잡스는 "우리가 아이폰을 만든 것은 애플이 항상 기술과 인문학의 갈림길에서 고민했기 때문에 가능했다"고 말한 적이 있다. 스마트폰은 단순히 기술의 진화에서 나온 성과가 아니라 인문학적 사유로 탄생한 결과다. 학창 시절을 돌이켜보면, 책상은 점심시간이 되면 본질이 다른 물건이 되었다. 수업 시간에 공부하던 책상이 4교시가 끝나는 순간 밥상으로 화려하게 변신했던 것이다. 반대로 밥상에서 책을 보면 그 순간 책상이 된다. 이처럼 책상에서 밥상을 보고, 밥상에서 책상을 보는 것이 무아에 담긴 인문학적 의미다.

이러한 무아의 철학은 사람에게도 그대로 적용된다. 장인은 '아내의 아버지'라는 본질을 가지며, 며느리는 '아들의 아내'라는 자기 정체성을 지닌다. 그런데 이러한 자아에만 집착한다면 장인과 사위, 시어머니와 며느리 사이의 소통이 어렵게 된다. 흔히 얘기하는 고부 갈등은 시어머니라는 상相, 즉 자아에 집착해서 일어나는 경우가 많다. 불교의 무아는 바로 이러한 집착을 깨뜨리는 강력한 무기다. 그래서 고부 사이가 때로는 어머니와 딸의 관계로 이어지고, 장인과 사위가 아버지와 아들의 관계로 깊어질 수 있는 것이다. 전화기이면서 라디오가 되는 것처럼, 며느리이면서 딸인 관계로 새롭게 전환되는 것이다.

아난다는 두 왕에게 최고 권력자이자 통치자라는 자아에 너무 집착하지 말고, 때로는 이를 해체하고 백성들에게 다가가야 한다고 말한 것은 아닐까? 그럴 때 비로소 백성과의 진정한 소통이 이루어지고 나라의 안녕이 보장될 것이기 때문이다. 꿈보다 해몽이라고 말할지 몰라도 내겐 그렇게 읽힌다. 모든 존재가 무아임을 자각할 때 열반에 이르는 것처럼, 임금이 자신을 버릴 때 나라가 청정해지고 고요해질 테니 말이다. 흔히 얘기되는 것처럼 꽃을 버려야 열매가 맺히는 이치와 같다.

오늘날 정치, 경제, 사회를 막론하고 모든 분야에서 소통이 어려운 것은 서로 자아에 대한 집착이 너무 강하기 때문이다. 이를 해소하기 위해서는 무아의 가르침이 관념으로만 머물 것이 아니라 현실에서 생생하게 작동해야 한다. 아난다의 열반송을 오늘에도 여전히 음미하는 이유다.

19

나가르주나

집착하지 말라

Philosophy of
Last Words

"은밀하고 드러난 법을 밝히기 위해 이제 해탈의 이치를 말하노라.
진리를 증득하려는 마음이 없으면 생냄도 기쁨도 없느니라."

Nāgārjuna
150?~250?

제2의 붓다

대학 시절 판소리와 풍물을 멋지게 하는 선배가 있었다. 그 선배는 사람들이 많이 모인 공간에서도 아무런 거리낌 없이 판소리를 하거나 우리 전통 춤을 추곤 했었다. 나는 그 모습이 멋져 보여서 어떻게 주위를 의식하지 않고 그렇게 잘할 수 있는지 물어보았다. 돌아온 대답은 뜻밖에도 자신을 버리면 된다는 것이었다. 잘해야겠다고 하는 '나'를 비우게 되면 사람들이 많아도 마음이 편안해진다는 것이었다. 그때 비로소 알 수 있었다. 내가 왜 사람들 앞에서 자기소개를 하거나 노래할 때 긴장이 되면서 심장이 뛰는지 말이다. 멋지게 보이려고 하는 '나', 혹여 못하면 어떡하나 염려하는 '나'에 대한 집착이 자리하고 있었던 것이다. 훗날 불교를 공부하면서 선배의 그러한 모습이 어쩌면 공空이나 무아적 사유에서 나온 것일 수도 있겠다는 생각을 하게 되었다.

'색즉시공'이란 말로 널리 알려진 공사상은 대승불교 초기에 유행했다. 이 공사상을 확립한 인물이 나가르주나다. 우리에겐 용수란 이름으로 친숙한 인물이다. 그는 제2의 붓다라고 불릴 만큼 불교 역사에서 중요한 위치를 차지한다. 그런데 이런 영향력에 비해 나가르주나의 생애와 관련된 기록은 명확하지 않다. 전하는 문헌마다 다른 점들도 많고 신비적으로 묘사된 부분도 있다. 학자들에 따르면, 그는 남인도의 브라만 출신으로 어려서부터 《베다》 등의 경전에 통달했을 뿐만 아니라, 천문이나 지리, 예언 등 다양한 방면에도 해박했다고 한다.

나가르주나가 출가하여 불교에 귀의하게 된 배경이 설화처럼 전해진다. 그는 어린 시절 친구들과 함께 몸을 사라지게 하는 은신술을 익혔다고 한다. 그들은 투명 인간으로 변신하여 궁궐에 몰래 들어가 아름다운 여인들을 범하면서 성적 욕망을 충족시켰다. 그들의 계속된 범행으로 궁중 여인들이 임신하는 상황까지 이르자 왕은 범인을 잡아 처형했는데, 나가르주나만 용케 화를 면할 수 있었다. 그는 이 사건을 계기로 감각적 욕망이 모든 고통의 원인임을 깨닫고, 이에서 벗어나 진정한 해탈을 얻기 위해 출가를 결심하게 되었다고 한다.

그렇다면 그를 제2의 붓다라고 부르는 이유는 무엇일까? 그가 활동했던 당시 불교 교단은 부파불교와 대승불교가 서로 경쟁하면서 발전을 도모하는 상황이었다. 그러나 사상적으로 부파는 유有에, 대승은 공空에 천착하고 있었다. 나가르주나는 중관사상中觀思想을 통해 극단으로 치우친 이들의 견해를 타파하고 붓다의 근본 가르침을 선양하고자 했다.

먼저 부파불교에서는 붓다의 가르침을 크게 왜곡하고 있었다. 부파불교의 사상을 한마디로 압축하면 '아공법유我空法有'라고 할 수 있다. 존재하는 모든 것은 공하지만, 그것들을 이루고 있는 최소 단위인 법은 존재한다는 입장이다. 여기에서 법은 오늘날 분자나 원자에 비유할 수 있다. 예를 들어, 인간은 공하지만 인간을 구성하고 있는 오온五蘊, 즉 색수상행식色受想行識과 같은 요소는 있다고 본 것이다. 이는 붓다의 핵심 가르침인 무아를 정면으로 거스르는 사상이다. 나가르주나는 공사상이란 무기를 통해 그들의 실재론을 타파하고자 했다. 불자들이 많이 독송하는 《반야심경》에서 "오온이 모두 공하다五蘊皆空"고 강조한 이유도 여기에 있다.

반면 대승불교에서는 지나치게 공만을 강조한 채 현실세계를 부정하는 모습을 보이기도 했다. 그렇게 되면 자칫 허무주의의 늪에 빠질 수 있는 상황이었다. 한마디로 부파불교가 '있다有'는 입장에 집착했다면, 대승불교는 '없다無'는 시선에 머무르고 있었다. 나가르주나는 공에 집착하고 있는 대승불교를 향해서 모든 것은 공하지만 묘하게 있는 진공묘유眞空妙有의 이치를 드러내고자 했다. 이것이 극단에 치우친 견해를 타파하고 중도의 입장을 드러낸 중관사상이다.

나가르주나는 부파불교에서 왜곡한 붓다의 근본 가르침을

회복하고 대승불교의 기틀을 세우는 데 평생을 바쳤다. 그를 제2의 붓다라고 부르는 이유다. 그는 다음과 같은 열반송을 남기고 고요 속으로 들어갔다.

"은밀하고 드러난 진리를 밝히기 위해 이제 해탈의 이치를 말하노라. 진리를 증득하려는 마음이 없으면 성냄도 기쁨도 없느니라."

성냄과 기쁨에 집착하지 말라

나가르주나는 중관사상을 확립한 대가답게 마지막 유훈에서도 이를 유감없이 발휘한다. 그의 열반송에는 은밀함과 드러남, 성냄과 기쁨이라는 서로 대조를 이루는 단어가 등장한다. 여기에서 그는 한쪽에 치우치지 않는 삶, 성냄과 기쁨에 집착하지 않는 삶을 살아야 한다고 우리에게 당부한다. 즐거운 일이 생기면 기뻐하고 짜증 나는 일에는 화를 내는 중생의 입장에서는 참으로 실천하기 어려운 일이다. 그렇다면 어떻게 해야 할까? 나가르주나의 대표작인 《중론》에는 이런 내용이 나온다.

"있다 함은 상주常住에 집착하는 편견이다. 없다 함은 단멸斷滅에 집착하는 편견이다. 그러므로 지혜로운 자는 유와 무에 의지하거나 집착해서는 안 된다."

이처럼 중관사상의 핵심은 양극단에 집착하지 않는 데 있다. 그는 여덟 가지 구체적인 방법을 통해 중도를 드러내고 있는데, 이를 팔부중도八不中道라 한다. 삶과 죽음生滅, 순간과 영원斷常, 같음과 다름一異, 오고 감去來 등을 부정하는 것이다. 그는 '~이 아니다不'라는 부정의 방법을 통해 양극단을 타파하고 중도를 드러내고자 했다. 예컨대 우리는 삶과 죽음을 둘로 보기 때문에 삶은 좋고 죽음은 나쁜 것이라고 생각한다. 한마디로 삶에 대해 집착하는 것이다. 그런데 나가르주나는 이를 부정하여 불생불멸不生不滅이라고 했다. 왜 그랬을까?

물과 얼음, 수증기를 예로 들어보자. 이 셋은 모습이 다르게 보이지만, 모두 수소 원자 두 개와 산소 원자 한 개로 이루어졌다. 본질이 같은 하나라는 뜻이다. 예컨대 물을 100도 이상으로 가열하면 사라지는 것 같지만, 수증기라는 또 다른 모습으로 변할 뿐이다. 거꾸로 물을 냉각하면 얼음으로 모양만 바뀌는 것이다. 이처럼 물이 얼음이고 수증기이기 때문에 특별히 생기거나 사라지는 것이 아니다. 나가르주나의 지적처럼 불생불멸인 것이다. 이와 마찬가지로 인간도 삶과 죽음이 따로 있는 것이 아니다. 죽음이란 다름 아닌 물이 수증기로 변하는 현상에 불과하기 때문이다. 그러니까 삶에 집착하거나 죽음에 대한 공포를 느낄 이유가 없는 셈이다.

나가르주나의 이러한 입장은 열반송에도 그대로 드러난다. 그가 말한 은밀한 법은 모든 것이 공한 본체이며, 반대로 드러난 법은 눈에 보이는 현상을 가리킨다. 나가르주나의 표현을 빌린다면, 은밀한 법은 진제眞諦에 속하며, 드러난 법은 속제俗諦라고 할 수 있다. 불교의 진리諦를 본체眞와 현상俗 두 가지로 설명하는 방식이다. 그 세계를 밝히기 위해 그는 해탈의 이치를 설한다고 했다. 그것이 다름 아닌 진리를 증득하겠다는 마음을 내지 않는 일이다. 이것은 마치 내가 사람들을 의식하면서 자기소개를 잘해야겠다고 생각하는 것과 비슷하지 않을까 싶다. 앞서 소개한 선배처럼 그런 마음 자체를 내지 말아야 하는데 말이다.

이것이 가능하기 위해서는 진리를 대상화하지 말아야 한다. 그렇게 되면 나와 진리가 둘이 되기 때문이다. 깨침은 나와 대상, 나와 진리 사이에 놓여 있는 벽이 깨지는 체험이다. 그럴 때 비로소 진리와 내가 온통 하나가 된다. 이처럼 모든 것이 하나일 때 성냄이나 기쁨에도 집착하지 않을 수 있다. 성냄과 기쁨은 모두 나와 대상이 둘일 때 나오는 감정이다.

그러나 현실세계에서 기쁨이나 성냄 없이 살아갈 수 있을까? 흔히 깨달음을 얻은 이들은 마치 목석처럼 화도 내지 않고 기쁜 감정도 드러내지 않는다고 생각하는데, 이는 착각에 불과하다. 깨달은 이도 기뻐하기도 하고 화를 내기도 한다. 다만 깨달은 이는 중생과 달리 그러한 감정에 집착하지 않고 중도를 지킬 줄 안다. 다른 사람의 기쁨을 함께 기뻐하며 불의한 일에 분노를 드러내는 일을 자유자재로 할 수 있다는 뜻이다. 자신에게 이로울 때는 좋아하고 불리해지면 화를 내는 중생과는 차원이 다르다.

아무리 세찬 바람이 불어도 뿌리 깊은 나무는 흔들리지 않는다. 하지만 나뭇잎은 작은 바람에도 흔들리게 마련이다. 이것이 진리를 깨달은 이의 참모습이다. 중생의 기쁨과 슬픔, 노여움이라는 바람에 이리저리 흔들리는 나뭇잎은 다름 아닌 깨달은 이의 자비를 상징한다. 그들과 기쁨과 슬픔을 함께 나누기 위해 다양한 모습으로 반응을 하는 것이다. 나가르주나를 포함한 역사 속의 붓다들은 모두 그렇게 살았다.

20

승조

바람을 베어서 무엇하랴

"사태란 원래 주인이 없고 오온도 본래 공한 것이니,
한 칼날로 무을 친다 해도 봄바람을 베는 것에 붙과하라네."

僧肇
383~414

제2의 해공제일

"천지가 나와 더불어 한 뿌리요, 만물이 나와 더불어 한 몸
이다."

언젠가 우연히 이 구절을 듣고 참으로 멋지다고 생각한 적
이 있다. 천국이나 극락이 있다면, 이처럼 우주와 내가 온통
하나인 세상이 아닐까 싶었다. 그곳은 아이들이 사자들과 함
께 뛰어다녀도 위험하지 않으며, 곰과 호랑이가 사이좋게 지
낼 수 있는 파라다이스다. 나중에야 이 말을 승조가 했다는
것을 알고 그에게 관심을 갖기 시작했다. 이뿐만 아니라 불
교의 핵심인 연기적 세계관을 설명할 때도 위의 구절을 자주
인용하곤 했다.

승조는 31년이라는 짧은 인생을 살다 간 중국 동진 때의
인물이다. 그는 경전 번역의 천재로 불리는 구마라집 鳩摩羅
什(344~413)이 가장 아끼던 제자였다. 당시 구마라집 문하에
는 3,000여 명의 제자가 있었는데, 그는 도생 道生, 승예 僧叡,
도융 道融과 함께 4대 철인 四哲으로 불렸다. 그는 스승으로부
터 공사상을 제일 잘 이해한 제자로 평가받아 '해공제일 解空

第一'이라는 별명을 얻기도 했다. 해공제일은 붓다의 10대 제자 가운데 수부티 존자에게 주어진 이름이다. 공에 대한 이해가 얼마나 뛰어났기에 이 명예로운 이름이 그에게 주어진 것일까?

승조는 집안이 가난하여 어린 시절부터 책을 베껴 쓰는 일을 했다. 그래서 자연스레 여러 경전을 가까이 할 수 있었는데, 특히 《노자》와 《장자》를 좋아했다. 하지만 이를 마음 닦는 수심의 지침으로 삼기에는 뭔가 부족하다고 느꼈다. 그러던 차에 우연히 《유마경》을 읽고 환희심이 일어 붓다의 가르침에 귀의하고 출가하기에 이른다. 승조는 출가 후 20세의 젊은 나이에 이미 대승과 소승 경전에 두루 통달하여 장안에서도 그 명성이 자자했다. 어쩌다 승조와 논쟁을 하게 되면 경전에 대한 깊은 이해와 명쾌한 논리 앞에 모두 고개를 숙여야만 했다.

승조가 불교계에 끼친 공헌은 누가 뭐라 해도 불교 본래의 뜻을 중국인들에게 올바로 전했다는 것이다. 인도의 불교는 중국으로 전해지는 과정에서 적지 않은 왜곡이 있었다. 중국인들은 자신들이 오래전부터 이룩해놓은 사상 체계, 즉 유학儒學이나 도가道家를 통해 불교를 이해했기 때문이다. 이러한 방식을 격의格義라고 부른다. 자신들에게 낯설게 다가온 불교의 뜻義을 중국인의 방식으로 헤아리고자格 했던 것이다. 격의는 새로운 문화를 이해하는 데는 비교적 효과적이다. 비유하자면 이탈리아에서 들어온 스파게티를 우리에게 익숙한 국수를 통해 이해하는 것과 비슷하다. 우리나라 사람들이 스파게티를 서양 국수라고 불렀던 이유다. 피자의 경우는 자연스럽게 서양 빈대떡이 된다. 비록 국수와 스파게티는 다른 음식이지만, 스파게티에 대해 잘 모르기 때문에 평소 즐겨 먹던 국수를 가지고 설명한 것이다.

이처럼 중국인들은 붓다의 가르침을 격의의 방식으로 이해했다. 예컨대 불교의 공空은 도가道家의 무無로, 열반涅槃은 무위無爲로 해석했다. 그리고 불교의 5계戒는 유학의 5상常을 통해 이해하기도 했다. 즉 살생, 도둑질, 사음邪淫, 거짓말, 음주를 금하는 불교의 다섯 가지 계율을 유학의 인仁, 의義, 예禮, 지智, 신信으로 설명한 것이다. 이러한 격의불교는 중국사상과의 융합이라는 긍정적인 효과도 있었지만, 불교 본래의 의미를 왜곡하는 역효과를 낳기도 했다. 이러한 상황에서 승조는 제대로 된 불교를 전하기 위해 전 생애를 바쳤다. 그 결과 불교는 도가나 유학과 구별되는 고유한 철학이자 종교라는 사실을 사람들은 인식하게 되었다.

《경덕전등록》에는 승조가 31세의 젊은 나이에 죽게 된 사연을 전하고 있다. 후진의 황제 요흥姚興(366~416)은 그의 재능을 높이 평가해서 나라의 재목으로 쓰고 싶었다. 그래서 여러 차례에 걸쳐 조정에 출사할 것을 요청했지만, 승조는 수행자의 길을 걷겠다고 하면서 이를 거절했다. 이에 화가 난 임금은 어명을 거역한 죄를 물어 그를 참수에 처하고 만다. 그러나 승조는 죽음 앞에서 조금도 두려워하지 않았다. 이미 공의 이치를 깨쳤기 때문이었다. 그가 죽기 전에 남긴 한 편의 시는 오늘날까지 열반송의 백미로 꼽히고 있다.

> "사대란 원래 주인이 없고 오온도 본래 공한 것이니, 흰 칼날로 목을 친다 해도 봄바람을 베는 것에 불과하네."

바람 같은 인생

처음 승조의 열반송을 접했을 때, 속으로 '와!' 하는 탄성이 절로 나왔다. 도대체 어느 정도의 경지에 이르러야 죽음 앞에서도 이처럼 초연하게 열반송을 읊을 수 있을까? 문득 《금강경》에 나오는 붓다의 전생 이야기가 떠오른다. 붓다가 인욕선인忍辱仙人으로 살았을 때 가리왕歌利王이 그의 팔과 다리를 모두 잘랐지만, 그는 결코 화를 내지 않았다. 반대로 제석천帝釋天이 잘린 팔과 다리를 붙여줬을 때도 그는 고맙다는 말을 하지 않았다. 이를 가리켜 양무심兩無心이라 한다. 욕됨을 당하거나 도움을 받았을 때 둘 다 마음이 없으며, 그렇기에 조금의 흔들림도 없었다는 뜻이다. 아마 가리왕이 목을 베었더라도 인욕선인 역시 승조처럼 아무런 마음을 내지 않았을 것이다. 그렇다면 이 이야기에는 어떤 메시지가 담겨 있을까?

누군가로부터 욕을 들으면 화가 나고, 거꾸로 칭찬을 듣게 되면 기분이 좋아지는 것이 자연스러운 일이다. 그런데 냉정하게 분석해보면 화를 내거나 기뻐하는 상황 모두 주체는 내가 아니라 상대방이다. 상대의 말이나 행동에 따라 내 마음이 이리저리 흔들린 셈이니까 말이다. 그 순간 자신은 상대에게 놀아난 꼭두각시로 전락하고 만다. 마치 주인의 지시대로 이리저리 움직이는 하인과 같다. 그런데 인욕선인과 승조는 자신의 팔과 다리를 자르고 참수를 시킨 상대에 대해 마음의 흔들림이 조금도 없었다. 이것이 바로 중생과 깨달은 자의 질적 차이다.

중생과 깨달은 자는 '내가' 있는가 없는가에서 근본적인 차이가 난다. 즉 자아와 무아의 차이라고 할 수 있다. 중생은 자아에 집착하기 때문에 상대방의 행위에 민감하게 반응한다. 화를 내는 나, 기뻐하는 자아가 중심에 자리하고 있는 것이다. 하지만 깨달은 이는 자아를 텅 비우고 무아와 공의 이치를 깨쳤기 때문에 상대가 그 어떤 시비를 걸어와도 흔들림이 전혀 없다. 승조의 목을 벤 임금은 자신이 이겼다고 생각할지 몰라도 이는 어리석은 일에 불과하다. 마치 바람을 베었다고 좋아하는 것과 같기 때문이다. 자아는 무아를, 색은 공을 결코 압도할 수 없다. 아니, 공을 깨친 이에게 이기고 지는 것은 이미 의미 없는 일이다. 다음은 《원각경》에 나오는 말이다.

> "나의 몸이 본래 있는 게 아닌데, 미움과 사랑이 어디에서
> 생기겠는가."

미워하는 마음이 일어날 때마다 혼자 되새기는 구절이다. 누군가를 미워하는 것은 매우 고통스러운 일이다. 그 대상이 가까운 사람이나 가족일 경우 괴로움의 크기는 배가 된다. 이러한 고통의 중심에 바로 '나'라는 놈이 자리하고 있다. 불교에서 무아를 강조하는 이유도 자아를 소멸해야 고통으로부터 벗어날 수 있기 때문이다. 승조처럼 수행을 통해 무아를 깨치면 좋겠지만, 우리 중생의 삶이 어찌 그와 같을 수 있겠는가. 그래서 필요한 것이 미움에게 방 한 칸 내주는 지혜가 아닐까 싶다.

"용서는 마음속에 방 한 칸만 내주면 되는 거야. 그런데 자기는 그 소중한 마음의 집을 그렇게 미워하는 엄마한테 안방, 부엌방 다 내주고 정작 자기 자신은 집 밖에서 덜덜 떨고 있잖아. 용서란 미움에게 방 한 칸만 내어주면 되는 거니까."

〈내 머리 속의 지우개〉란 영화에서 배우 손예진이 자신을 버린 어머니를 용서하지 못해 힘들어하는 정우성에게 한 말이다. 임금은 승조를 죽였지만, 그는 미움에게 방 한 칸도 내주지 않았다. 우리가 그처럼 살 수는 없어도 미움에게 모든 방을 내주는 우를 범하지 않았으면 좋겠다. 하나가 힘들면 둘, 둘이 힘들면 셋을 내주더라도 마음의 방을 모두 내주고 밖에서 벌벌 떨지 말자는 뜻이다.

21

맹자

삶보다 좋고 죽음보다 싫은 것

"나는 삶도 원하고 의도 원한다.

하지만 둘을 모두 얻을 수 없다면

나는 삶을 버리고 의를 택하겠다."

孟子
BC372-BC289

스승의 길을 걸은 제자

지금까지 맹자의 영향으로 30년 넘게 행하고 있는 일이 하나 있다. 결혼식에 갈 때 신랑의 축의금 봉투에는 '축유실祝有室', 신부의 경우에는 '축유가祝有家'라고 쓰는 것이다. 군대 제대 후 어느 선생님에게 맨투맨으로 《맹자》를 배운 적이 있다. 꼬박 4개월에 걸쳐 전체를 읽었는데, 〈등문공滕文公〉 하편에 '장부가 태어나면 집 갖기를 원하며丈夫生而願爲之有室, 여자가 태어나면 가정 갖기를 원하는 것이女子生而願爲之有家 부모의 마음이다'라는 말이 나온다. 여기서 실室은 남자가 여자를 아내로 맞는 것이며, 가家는 여자가 남자를 남편으로 맞는 것을 의미한다. 이 구절을 배울 당시 선생님이 유실有室과 유가有家를 결혼식 축의금 봉투에 쓰면 좋다고 해서 그때부터 습관처럼 활용하고 있다.

성선설性善說이나 역성혁명易姓革命, 호연지기浩然之氣 등은 오늘에도 여전히 익숙한 용어들인데, 모두 맹자와 관련된 것들이다. 특히 자식을 위해 공동묘지에서 시장으로, 다시 학교 주변으로 이사를 했다는 맹모삼천지교孟母三遷之敎는 교육열이 높은 우리나라 어머니들에게 자녀 교육의 정석처럼 여겨지고 있다. 그런데 이 고사가 오늘날엔 다르게 해석되고 있다. 처음 공동묘지에 살았던 것은 맹자에게 삶과 죽음의 실상을 보여주기 위함이며, 시장으로 옮긴 것은 치열한 삶의 현장을 가까이서 느낄 수 있는 최적의 장소이기 때문이라는 것이다. 이처럼 삶과 죽음의 의미를 성찰한 다음 학문에 정진할 수 있도록 학교 근처로 이사했다는 것이 맹자 어머니를 바라보는 새로운 시각이다. 이 해석이 맞는다면 성인에 버금간다고 해서 붙여진 아성亞聖이란 별명은 모두 지혜로운 어머니 덕이라 할 것이다.

맹자는 추나라 사람으로 여러 면에서 마음의 스승인 공자를 많이 닮았다. 맹자도 일찍이 아버지를 여의고 홀어머니 밑에서 성장했으며, 자신이 이상으로 생각한 왕도정치王道政治를 실현하기 위해 전국을 돌아다녔다. 왕도란 한마디로 힘이 아니라 인의에 바탕을 두고 백성을 바른길로 이끄는 일이다. 하지만 그의 뜻을 받아들인 군주는 없었다. 당시는 혼란의 전국시대였기 때문에 제후들에게 부국강병보다 우선하는 가치는 없었다. 맹자 역시 공자와 마찬가지로 자신의 이상을 현실에서 펼치는 데 실패하고 만다. 그는 말년에 고향으로 돌아와 제자들을 가르치고 자신의 사상을 정리하는 데 힘쓴다. 한 번도 만난 적이 없지만, 그는 스승이 걸었던 길을 묵묵히 따랐던 철학자였다.

앞에서 살펴본 것처럼 공자는 인간이라면 인의를 실천해야 한다고, 사람답게 살아야 한다고 강조했다. 그런데 맹자는 왜 인의를 실천해야 하는지 그 근거를 제시함으로써 스승이 확립한 유교철학의 수준을 한 차원 높게 끌어올렸다. 그에 따르면, 모든 인간은 처음부터 불인지심不忍之心, 즉 '차마 ~하지 못하는' 마음을 가지고 태어난다. 인간은 위험에 빠지거나 불쌍한 사람을 보면 차마 그냥 지나치지 못하고 측은한 마음을 일으킨다는 것이다. 예컨대 물에 빠진 어린아이를 보면 누구라도 가만 있지 못하고 구하려고 한다. 이는 아이를 구해서 어떤 이익이나 명성을 얻기 위한 것이 아니라 타고난 본성이 자연스럽게 발현된 것이다. 이 마음이 바로 측은지심惻隱之心이다. 측은지심을 비롯해 수오지심羞惡之心, 사양지심辭讓之心, 시비지심是非之心을 가리켜 흔히 사단四端이라 하는데, 모든 인간은 태어날 때부터 사단을 부여받았기 때문에 인의를 실천해야 한다는 것이 맹자의 논리였다.

또한 맹자는 이를 근거로 모든 인간의 성품은 선하다는 이른바 성선설을 주장하기에 이른다. 그는 인간이 악한 행위를 하는 것은 후천적인 영향 때문이라고 생각했다. 인간은 본래 선하게 태어났기 때문에 이를 잘 기르고 악을 방지하는 것이 중요한데, 그 역할을 담당하는 것이 바로 교육이다. 이후 순자가 성악설性惡說을 주장하면서 인성이 선한가, 악한가 하는 논쟁이 벌어지기도 했다.

맹자의 노년기 삶의 흔적은 잘 드러나지 않는다. 죽기 전에 남긴 유훈도 찾아보기 어렵다. 그래서 그의 삶과 어울리는 글을 묘비명이라 생각하고 적어보았다.

"나는 삶도 원하고 의도 원한다. 하지만 둘을 모두 얻을 수 없다면 나는 삶을 버리고 의를 택하겠다. 죽음보다 더 싫은 것은 옳은 일을 행하지 못하는 것이다."

왜 하필 의인가?

지금도 《맹자》 첫 장을 펼쳤을 때의 강렬함을 잊지 못한다. 양혜왕梁惠王은 맹자가 찾아오자 "천 리를 멀다 하지 않고 이곳까지 오셨는데, 우리나라에 어떤 이익을 줄 수 있습니까?" 하고 묻는다. 그러자 맹자가 단호하게 답한다.

"왜 하필 이利를 말하는 것입니까? 오직 의義만 있을 뿐입니다."

《맹자》를 공부할 당시 '하필왈이何必曰利'라는 네 글자가 매우 인상 깊게 다가왔다. 왕이 이익을 먼저 생각한다면 신하를 비롯해 백성에 이르기까지 모두가 이익만을 추구할 것이며, 그렇게 되면 결국 나라가 위태롭게 될 것이라는 뜻이다. 따라서 이익이 아니라 인의에 바탕을 둔 정치를 펼쳐야 한다는 것이 맹자의 취지였다. 물론 당시는 전국시대였기 때문에 그의 주장이 받아들여지지 않았다. 그렇다면 왜 맹자는 스승이 그랬던 것처럼 인의를 강조하고 평생 실천했을까?

유학에서 소인과 군자를 구분하는 전형적인 기준이 있다. 어떤 판단이나 행위를 할 때 이익과 손해를 먼저 생각하면 소인이고, 옳고 그름을 생각하면 군자라는 것이다. 사극을 보면 '소인배'라는 말에 화를 내면서 민감하게 반응하는 유학자들이 나오는데, 모두 이유가 있었던 셈이다. 세상에는 매우 쉬운 두 가지 길이 있다. 하나는 옳은 일이면서 자신에게 이익이 되면 행하는 것이며, 다른 하나는 나쁜 일이면서 손해가 되면 하지 않는 것이다. 그런데 문제는 옳은 일인데 손해가 되거나, 그른 일인데 이익이 되는 경우다. 사람이 고민하고 갈등하는 지점이다. 여기에서 군자와 소인의 에너지는 각각 의義와 이利를 향해 나아간다.

맹자는 소인이 아니라 군자의 길을 걸었던 인물이다. 맹자가 삶과 의 가운데 하나를 택하라면 기꺼이 삶을 버리고 의를 택하겠다고 말한 것도 인의의 실천이 그가 살아가는 이유이자 주어진 천명을 따르는 길이라고 믿었기 때문이다. 그런데 과연 지독한 굶주림과 추위, 가난 앞에서도 의만을 내세울 수 있을까? 맹자는 그것이 어렵다고 생각했다. 그래서 항상 옳은 마음을 내기 위해서는 일정한 소득이 있어야 한다고 주장했다. 그 유명한 '항산이 없으면 항심이 없다無恒産而無恒心'는 것은 이를 두고 한 말이다. 이러한 맹자의 주장은 국가가 복지 정책을 펼쳐야 하는 철학적 근거로 활용되기도 한다. 먹고사는 일에 모든 에너지를 쓰게 되면, 너무 지치고 힘들어서 옳은 일을 할 여력이 없기 때문에 최소한의 소득은 보장되어야 한다는 것이다. 춥고 배고프고 힘들어 죽을 지경인데, 어떻게 이웃을 돕는 생각을 내겠는가.

오늘처럼 자본이 주인 노릇을 하는 세상에서 옳은 일만 추구하라고 강조하는 것도 어찌 보면 민망한 일인지 모른다. 그래서 사람들은 맹자에게 '왜 하필 의인가?'라고 묻는 것이다. 맹자의 대답은 한결같다. 그저 그것이 옳은 길이니까 걷는 것이며, 그렇게 살지 않으면 안 되니까 사는 것이라고 말할 뿐이다. 문득 영화 〈1987〉의 대사가 떠오른다. 배우 김태리는 이한열 열사 역을 맡은 강동원에게 왜 그렇게 이기적이냐고, 가족 생각은 안 하고 데모만 하느냐고, 아무리 시위를 해도 세상은 바뀌지 않는다고 말한다. 그러자 강동원은 이렇게 답한다.

> "나도 그러고 싶은데 마음이 아파서 잘 안 돼. 너무 마음이
> 아파서."

이 장면을 보면서 마음이 먹먹했던 기억이 떠오른다. 그러고
싶은데 너무 아파서 잘 안 되는 마음이 앞서 언급한 불인지
심이며 유학에서 강조하는 천명이자 양심이다.

역사는 이익이 아니라 옳음을 기준으로 살았던 사람들에
의해 발전해왔다. 이러한 삶이 외롭지는 않았을까? 스피노자
편에서 언급한 것처럼, 《논어》에는 '덕은 외롭지 않고 반드
시 이웃이 있다'는 구절이 나온다. 맹자는 스승 공자의 이웃
이 되어 그의 가르침을 실천했다. 맹자 이후에도 수많은 이
가 덕의 이웃이 되어 이익이 아니라 의로움을 추구하면서 살
아왔다. 그들은 모두 우리에게 질문을 던지고 있다. 너는 진
정 이웃이 될 수 있느냐고 말이다. 이제 우리가 답할 차례다.

22

순자

죽은 자에 대한 예의

Philosophy of
Last Words

"삶은 인간의 시작이요, 죽음은 인간의 끝이다.
시작과 끝이 모두 좋으면 인간의 도리는 다한 것이다."

荀子
BC298?~BC238?

악한 본성을 선으로 바꾸다

군대에 입대하여 신병훈련을 받던 때의 일이다. 고된 훈련을 마치고 내무반으로 들어왔는데, 동기 둘이서 초코파이 하나 가지고 멱살잡이를 하면서 싸우고 있었다. 아무리 힘든 군대라고는 하지만, 그깟 파이를 서로 먹겠다고 다투는 모습을 보면서 인간에 대한 회의마저 일었다. 사람이 극한 상황에 이르게 되면 배려보다는 이기심이 먼저 작동한다는 것을 그때 느꼈다. 문득 인간의 성품이 본래 이기적이며 악하다고 했던 순자의 마음이 살짝 이해되기 시작했다. 그렇다면 인간의 본성이 악하다고 말한 순자의 진짜 속내는 무엇일까?

　순자는 조나라 사람으로, 이름은 황況이며 자는 경卿이다. 흔히 순경이라 부르는데, 사마천의 《사기》 '순경열전'에 의하면, 그는 50세 무렵 제나라로 가게 된다. 당시 제나라 임금은 수도의 직문稷門 근처에 마을을 조성하고 전국의 뛰어난 학자들을 초빙하여 교육과 연구를 할 수 있도록 했다. 이곳에 모인 학자들을 직하학파稷下學派라고 부른다. 맹자와 순자 모두 그곳에서 활동했던 인물이다. 특히 순자는 직하에서 학식과 덕망을 두루 갖춘 학자로 인정을 받아 그곳의 수장에

오르기도 한다. 오늘날로 보면 국립대학의 총장 정도로 이해하면 된다.

순자 하면 가장 먼저 떠오르는 단어가 성악설이다. 맹자가 주장한 성선설의 반대편에 서 있는 입장이다. 맹자는 본성이 선한 근거를 하늘이 부여한 사단, 즉 측은지심과 수오지심, 사양지심, 시비지심에서 찾았다. 하늘은 이런 도덕적 행위가 나오는 근원으로써 의미를 갖는다. 그런데 순자는 그런 하늘은 없다고 잘라 말한다. 하늘은 그저 햇빛을 비추고 비가 내리는 자연일 뿐이며, 인간의 도덕과는 아무런 관련이 없다는 것이다. 그렇다면 인간에게 남는 것은 배고프면 먹고 싶고 졸리면 자고 싶은 생리적 욕구뿐이다. 이런 날것으로서 욕구가 인간의 본성이라는 것이 순자의 생각이었다.

인간이 이러한 본성에 따른다면 세상이 어떻게 될까? 오로지 이기심과 이기심의 충돌로 인하여 싸움만 난무하게 될 것이다. 순자가 살았던 전국시대는 바로 인간 본성이 그대로 나타난 결과에 불과했다. 그는 인성이 선하다는 맹자의 의견에 동의할 수 없었다. 인성이 선하다면 어떻게 아들이 아버지를 죽이고 아버지가 아들의 인육을 먹는 일이 가능하겠는가. 당시는 그런 무자비하고 무질서한 시대였다. 따라서 순자는 악한 본성에 의지할 것이 아니라 이를 선으로 전환할 수 있는 강력한 에너지, 즉 인간의 의지가 필요하다고 역설했다.

순자는 본성보다는 교육이나 자기수양과 같은 적극적인 노력을 강조한 인물이다. 이를 통해 얼마든지 악한 본성을 선으로 바꿀 수 있기 때문이다. 인간은 본래 그런 능력을 갖추고 태어난 존재다. 그는 인간의 마음이 작동하는 과정을 성정려위性情慮僞 네 단계로 설명했다. 먼저 성性은 배고프면 먹고 싶고 추우면 입고 싶은 생리적 욕구이며, 정情은 대상과 만나면서 일어나는 기쁨이나 슬픔과 같은 감정을 의미한다. 세 번째 려慮는 감정이 생겼을 때 어떻게 할 것인가 고민하는 단계이며, 마지막 위僞는 판단을 내리고 실제 행동으로 옮기는 일이다.

이해를 돕기 위해 일상의 예를 들어보자. 예전에는 버스 안에서 어른이 옆에 오면 자리를 양보하는 모습을 흔히 볼 수 있었다. 어떤 사람들은 이를 피하려고 일부러 맨 뒤의 창가 쪽에 앉기도 했다. 직장에서 온종일 일을 하고 피곤한 상태로 버스를 타면 의자에 앉아 꾸벅꾸벅 졸고 싶은 것이 인간의 생리적 욕구性다. 그래서 버스 의자에서 눈을 붙이려고 하는데 할머니가 양손에 짐을 들고 내 자리 옆으로 다가왔다. 순간 하필 왜 내 옆으로 왔을까 하는 감정情이 일어날 수 있다. 그때 마음 안에서 그냥 자는 척을 할까 아니면 양보를 할까 고민慮을 하게 된다. 그리고 마침내 결심을 하고 둘 중 하나의 행동僞으로 이어진다.

생리적 욕구만 따른다면 그냥 모른 척하고 잠을 자겠지만, 인간은 감정대로만 움직이는 존재가 아니다. 피곤한 나보다 할머니를 염려해서 자리를 양보하는 존재이기도 하다. 그것이 나오는 원천이 바로 인간의 의지다. 위僞는 보통 거짓을 뜻하지만, 순자에게는 인간의 적극적인 행위를 의미한다. 본성을 따르면 악이지만, 강력한 의지를 가지고 실천하면 선으로 전환할 수 있다는 것이 순자 성악설에 담긴 진짜 속내다.

순자는 한때 난릉이라는 지역의 현령으로 임명되어 자신의 이상을 실현하고자 했다. 하지만 뜻대로 되지 않아 그곳에서 제자들을 가르치고 저술 활동을 하면서 여생을 보냈다. 그의 묘비명으로 어울리는 글을 《순자》 속에서 찾아보았다.

> "삶은 인간의 시작이요, 죽음은 인간의 끝이다. 시작과 끝이 모두 좋으면 인간의 도리는 다한 것이다."

왜 죽은 자를 산 사람처럼 모셔야 할까?

공자가 인仁을, 맹자가 의義를 중시했다면, 순자는 예禮를 강조했다. 인간의 본성은 이기적이기 때문에 이를 방치하게 되면 다른 사람보다 더 많은 것을 소유하기 위해 끊임없이 싸울 수밖에 없다. 사람들 사이에 존재하는 이기적 욕망을 조절하고 화합을 이룰 수 있는 통제 수단이 있는데, 그것이 바로 예다. 그에게 예는 악한 본성을 선한 행위로 바꾸는 에너지로써 의미를 가진다. 순자는 예가 없다면 동물의 세계와 다를 것이 없다고 생각했다. 그는 예에 바탕을 둔 통치를 강조했으며, 이를 통해 당시의 혼란을 멈추고 질서 있는 사회를 구현할 수 있다고 보았다.

그런데 순자는 살아 있는 사람뿐만 아니라 죽은 자에 대한 예의도 필요하다고 역설했다. 앞서 언급한 것처럼 삶과 죽음은 인간의 처음과 끝이며, 인간의 도리를 다하기 위해서는 시작과 끝이 모두 좋아야 하기 때문이다. 사람이 죽으면 치르는 상례喪禮는 단순한 형식이 아니라 삶과 죽음의 의미를 돌아보고 존경과 사랑의 마음으로 죽은 이를 보내는 의식이다. 이러한 행위를 통해 산 자는 위로받고 슬픈 감정을 순화할 수 있다. 제례 역시 마찬가지다. 그렇기 때문에 어떤 마음으로 죽은 자에 대한 예의를 갖추는지가 중요하다. 《순자》'예론'에 나오는 구절이다.

"죽은 자를 산 사람처럼 섬기고, 가고 없는 이를 눈앞에 있는 사람처럼 섬겨야 한다."

유교에서 제사를 지낼 때의 마음가짐으로 자주 거론되는 구절이다. 《중용》에서도 죽은 이를 산 사람처럼 정성껏 모시는 것이 효의 지극함이라고 했다. 그렇다면 왜 죽은 자를 산 사람처럼 모셔야 할까? 그에 의하면 살아 있을 때 잘 모시고 죽었을 때 박대하는 것은, 마치 부모님이 지각이 있을 때는 정성껏 섬기고 치매에 걸리면 외면하는 것과 같기 때문이다. 따라서 제사를 모실 때도 돌아가신 분이 살아 있는 것처럼 정성을 다해야 한다는 것이 순자의 생각이었다. 제사는 죽은 이에 대한 사랑과 존경의 마음이 예라는 형식을 통해 표출되는 인간의 의지적인 행위다. 군자는 그 의미를 알고 제사를 모시기 때문에 이를 인간의 도리라고 여기지만, 어리석은 사람은 귀신의 일이라고 생각해서 꺼리곤 한다.

중국에 최초로 천주교를 전파한 이탈리아 선교사 마테오 리치 Matteo Ricci(1552~1610)는 제사를 중시하는 문화적 차이로 인해 많은 어려움을 겪었다. 그는 고민 끝에 제사를 허용하는데, 이를 우상 숭배가 아니라 조상에 대한 사랑의 표현으로 해석했다. 기독교에서 중시하는 사랑을 살아 있는 사람뿐만 아니라 죽은 이에게까지 확대하는 것이 바로 제사라는 것이다. 참으로 멋진 해석이다. 이는 제사를 사랑과 존중의 표현이라 했던 순자의 생각과도 통한다. 예의란 이처럼 상대를 이해하는 논리를 새롭게 개발하는 행위라 할 것이다.

죽은 자에 대한 예의인 제사가 점차 사라지고 있다는 것은 살아 있는 사람들 사이의 '사랑과 존중'이 엷어지고 있다는 의미로 읽힐 때가 있다. 오늘날 제사는 평소에 만나기 힘든 가족, 형제간의 사랑을 확인하는 시간으로써 의미를 갖는다. 형식이 문제가 아니라 가족끼리 모여서 돌아가신 분을 추억하고 사랑과 존경의 마음을 확인하는 것이 중요하다는 뜻이다. "눈에 보이는 형제를 사랑하지 않으면서 어떻게 보이지 않는 하나님을 사랑한다고 할 수 있겠느냐!"는 〈요한복음〉의 구절이 떠오르는 이유는 무엇일까? 순자의 지적처럼 삶과 죽음, 시작과 끝이 모두 좋아야 인간의 도리를 다하는 것이다. 이 역시 의지의 문제다.

23

장자

자연으로 돌아가는 길

"땅에 묻지 않으면 까마귀와 독수리의 밥이 되겠지만,
땅에 묻는다고 해도 개미의 밥이 되지 않겠느냐."

莊子
BC369?~BC289?

죽어가는 혼돈을 살려라

"길은 걸어야 생긴다."

오래전 《장자》를 읽으면서 마음속 깊이 새긴 말이다. 특히 산행을 하면서 많이 공감했던 구절이기도 하다. 아무리 잘 가꾸어진 길이라도 사람들이 걷지 않으면 잡풀들이 자라나 금세 흔적도 없이 사라지고 만다. 반면 본래는 없었는데 많은 이가 걸으면서 만들어진 새로운 길도 있다. 문제는 그 길이 과연 우리를 바른 목적지로 안내하는가 하는 점이다. 언젠가 지리산을 종주하다가 길을 잘못 들어 큰 곤욕을 치른 적이 있다. 분명 사람들이 걸어서 생겨난 길인데, 따라가다 보니 엉뚱한 곳이 나왔던 것이다. 우여곡절 끝에 정상적인 등산로를 찾았지만, 그때 얻은 교훈이 있다. 눈에 보인다고 다 옳은 길이 아니라는 사실을 말이다.

　장자는 노자와 더불어 도가철학을 대표하는 인물이다. 도道란 길을 의미한다. 하늘에는 비행기 항로가 있고 땅에는 차도가 있듯이, 사람에게도 살아가는 길이 있게 마련이다. 그는 과연 우리에게 어떤 삶의 길을 걸어야 한다고 했을까? 이 질문에 대한 답은 도가의 트레이드마크인 무위자연無爲自然에서 찾을 수 있다. 인위적인 길이 아니라 자연의 순리에 따르라는 뜻이다. 그렇지 않으면 주어진 생명을 온전히 보존할 수 없기 때문이다. 이를 보여주는 예화가《장자》〈응제왕應帝王〉에 나오는데, '혼돈이 일곱 구멍으로 죽었다渾沌七竅而死'는 이야기다. 잠깐 소개하면 다음과 같다.

이야기의 주인공인 혼돈은 중앙에 살고 있었는데, 남쪽에 사는 숙과 북쪽의 홀이 서로 만나려면 먼 길을 가야만 했다. 그래서 숙과 홀은 중앙에서 만날 수 있도록 혼돈에게 부탁했고, 그는 둘이 편안하게 교류할 수 있도록 많은 도움을 주었다. 이를 고맙게 여긴 두 사람은 어떻게 하면 은혜를 갚을 수 있을까 고민한 끝에, 혼돈의 얼굴에 구멍을 뚫어주기로 했다. 오늘날로 보면 일종의 성형수술 티켓을 선물로 준 것과 같다. 다른 사람들은 얼굴에 눈, 코, 귀, 입 등의 구멍이 있어서 보고 맡고 듣고 먹을 수 있지만, 혼돈은 글자 그대로 혼돈 상태였던 것이다. 그들은 혼돈의 얼굴에 하루에 한 개씩 구멍을 뚫기 시작했다. 그런데 일곱 번째 구멍을 뚫자 혼돈은 죽고 말았다. 의도한 것은 아니었지만, 은혜를 원수로 갚은 셈이 되어버렸다.

이 우화에서 혼돈은 인위적인 힘이 가해지기 이전의 자연 상태를 의미한다. 그리고 구멍 뚫기는 인간이 인위적으로 만든 문명의 길을 뜻한다. 인간은 과학과 산업의 성장으로 문명의 발전을 이루었다. 덕분에 인간의 생활은 이전에 비해 훨씬 나아졌고, 산업을 지속적으로 성장시키면 더욱 행복할 것이라는 믿음을 가지고 살아왔다. 하지만 그러한 믿음은 장밋빛 미래로 이어지지 않았다. 인간성은 상실되고 자연과 생태계는 돌이킬 수 없는 상처를 입었으며, 오늘날 우리가 겪고 있는 기후변화와 미세 먼지는 일상이 되어버렸다. 이미 임계점을 넘어 인류의 생존이 20년밖에 남지 않았다는 비관적인 전망도 여기저기서 나오고 있다. 혼돈처럼 죽기 일보 직전의 상황에 처해진 것이다. 행복하기 위해 만든 길이 오히려 멸망을 향해 가고 있는 셈이다.

장자라면 죽어가는 혼돈을 살리기 위해 어떤 대안을 제시했을까? 가장 먼저 구멍 뚫기를 멈추라고 하지 않았을까? 그리고 자연으로 돌아가라고 크게 외치지 않았을까? 비록 늦긴 했지만, 그 길 이외에 별다른 대안이 없어 보인다.

평생 무위자연의 삶을 살았던 장자는 죽음에 이르러서도 그러한 태도를 견지했다. 제자들은 스승이 이 세상을 떠나면 장례를 후하게 치르겠다고 했다. 그러자 장자는 제자들을 말리면서 이렇게 말한다.

"태양과 대지가 나의 관이다."

참으로 장자다운 멋진 유훈이다. 그냥 들판에 버려두라는 뜻이다. 제자들은 스승의 몸이 까마귀와 독수리의 밥이 되게 할 수는 없다고 완강히 버틴다. 다음은 장자의 답변이다.

> "땅에 묻지 않으면 까마귀와 독수리의 밥이 되겠지만, 땅에 묻는다고 해도 개미의 밥이 되지 않겠느냐? 너희는 까마귀와 독수리 부리에서 먹이를 꺼내 개미의 입을 채워주려는 것이다. 어찌 너희는 개미 편만 드는 것이냐?"

수연낙명의 길

장자의 마지막 유훈을 접하면서 마음이 어느 정도의 경지에 이르러야 죽음 앞에서도 이렇게 말할 수 있을까 하는 의문이 들었다. 문득 고등학교 시절 《장자》를 처음 펼쳤을 때가 떠올랐다. 거기에는 붕鵬이라는 이름의 새가 등장하는데, 등의 넓이가 수천 리나 될 정도로 어마어마한 크기를 자랑했다. 이 새가 힘차게 한 번 날아오르면 날개가 하늘을 온통 뒤덮는다고 한다. 이 부분을 읽으면서 막연하게 장자 역시 붕새처럼 스케일이 엄청 큰 인물일 것이라고 생각했다. 그 정도는 되니까 삶과 죽음을 초연하게 받아들일 수 있지 않았을까? 매미나 참새와 같은 마음으로는 도저히 헤아릴 수 없는 경지다.

장자는 자신의 부인이 죽었을 때도 이러한 태도를 보여주었다. 친구인 혜시惠施가 소식을 듣고 조문을 왔는데, 장자는 물동이를 두드리면서 노래를 부르고 있었다. 이 장면을 본 혜시는 부인이 죽은 상황에서 너무하는 것 아니냐고 물었다. 그러자 장자는 이렇게 답한다.

"나도 처음에는 너무 놀라서 소리 내어 슬피 울었다네. 그런데 가만히 생각해보니 그럴 일도 아니라는 것을 느꼈네. 아내는 삶에서 다시 죽음으로 돌아갔다네. 이것은 계절의 변화와 똑같은 것이 아니겠는가. 지금쯤 아내는 천지라는 큰 거실 안에서 단잠을 자고 있을 걸세. 만약 내가 통곡을 하면서 울게 되면, 천지간에 얼마나 불행한 사람이 되겠는가."

장자에게 죽음은 왔던 곳으로 돌아가는 일 이외에 다른 것이 아니었다. 자연에서 왔다가 자연으로 돌아가는 현상일 뿐이다. 이는 마치 봄, 여름, 가을이 지나면 겨울이 오는 것처럼 자연스러운 변화다. 그러니 삶을 이어간다고 즐거워할 일도 아니고, 죽음에 이르렀다고 해서 특별히 슬퍼할 일도 아니다. 이것이 삶과 죽음을 바라보는 그의 일관된 자세였다. 문제는 장자처럼 생각은 할 수 있어도 실제 나의 문제로 다가올 때는 실천하기 힘들다는 데 있다. 왜 우리는 그렇게 되지 않는 것일까? 장자처럼 살 수 있다면, 죽음이라는 분명한 사실 앞에서 고개를 돌리거나 두려워하지 않고 자연스럽게 받아들을 수 있을 텐데 말이다. 장자의 다음 말을 들어보자.

> "얻음은 그때를 만난 것이며 잃음은 자연의 순리에 따르는 것이다. 세상에 나오면 편안히 그때에 머물고, 떠나면 순리에 몸을 맡기면 된다. 이렇게 할 수 있다면 슬픔과 기쁨이 비집고 들어올 틈이 없다."

우리는 무엇인가를 얻으면 기뻐하고 반대로 잃으면 슬퍼한다. 하지만 얻음과 잃음은 동전의 양면처럼 서로 떼려야 뗄 수 없는 관계다. 예컨대 누구라도 어린 시절을 거쳐야 청년으로 성장할 수 있다. 이것은 어린아이로부터 청춘을 얻었다고 할 수 있지만, 반대로 유년 시절을 잃어서 건강한 성인이 된 것과 다르지 않다. 마찬가지로 늙음을 얻은 것은 젊음을 잃은 것이며, 죽음을 얻은 것은 삶을 잃은 것이다. 낮과 밤, 어둠과 밝음, 떠오르는 태양과 지는 노을 등의 관계도 모두 자연의 순리일 뿐이다. 장자의 지적처럼 우리 삶이 이러한 순리에 따른다면 슬픔과 기쁨의 구속에서 벗어날 수 있을 것이다.

그런데 우리는 '죽음은 삶의 소멸'이라는 시선에만 갇혀서 살아가고 있다. 삶을 고정된 실체라고 집착하면 죽음에 대한 두려움을 피할 수 없다. 그래서 장자는 삶과 죽음을 자연스러운 변화로 인식하는 태도가 중요하다고 강조한다. 아침이 변하여 저녁이 오고 젊음이 변하여 늙음이 오는 것처럼, 죽음 역시 자연스러운 변화일 뿐이라는 것이다. 이런 면에서 보면 삶과 죽음은 둘이 아니라 온통 한 무리生死爲徒일 뿐이다. 결국 죽음에 대한 두려움에서 벗어나려면 삶에 대한 집착을 떨쳐내야 한다. 이런 태도로 삶을 바라보고 실천하는 사람을 장자는 참사람眞人이라고 했다.

개인적으로 《장자》에 나오는 '수연낙명隨緣樂命'이라는 말을 좋아한다. 인연 따라 주어진 삶을 즐기라는 뜻이다. 불교에서도 인연생인연멸因緣生因緣滅, 즉 인연에 의해 생겨난 것은 인연이 다하면 소멸한다고 하지 않았던가. 그러니 인연이 주어졌을 때 정성을 다해서 즐기고 인연이 다하면 깔끔하게 받아들이는 것이 잘 사는 길이 아닐까? 삶과 죽음도 마찬가지다. 장자는 죽음을 '자연으로부터 받은 옷을 벗는 일'이라고 했다. 오늘이라는 옷을 입고 하루를 열심히 살았으니 잠자리에 들 때는 옷을 벗는 것이 좋다. 그것이 자연스럽다.

24

이지

마이 웨이

Philosophy of
Last Words

"점심 넘은 늙은이가 더 바랄 것이 뭐가 있겠소."

李贄
1527-1602

나는 개가 아니다

"오십 이전에 나는 개였다."

중국 명나라 말기의 사상가였던 이지의 유명한 말이다. 자신이 50년 동안 개처럼 살았다는 고백이다. 그런데 그는 왜 하필 소나 말이 아니라 개를 등장시켜 자신의 인생을 성찰했을까? 개들은 앞에 그림자가 나타나면 "멍멍!" 하고 짖어댄다. 그러면 뒤에 있던 개들은 별다른 이유 없이 앞의 개를 따라서 똑같이 짖는다. 이지는 개들의 이러한 모습에 빗대어 아무런 문제의식 없이 살아온 자신을 돌아보았다. 그랬더니 기존 가치 체제에 순응하면서 살아왔던 가짜 모범생의 모습이 보였다. 나란 무엇이며 어떻게 살 것인지에 대한 고민 없이 지내온 자신이 부끄러워 이런 고백을 한 것이다. 마르크스편에서 인용한 것처럼,《중용》에서는 '부끄러움을 아는 것은 용기에 가깝다'라고 했다. 여기에 비추어보면, 이지는 적어도 부끄러움을 아는 용기 있는 사내였던 셈이다. 그렇다면 쉰 이후의 삶은 질적으로 어떻게 달라졌을까?

이지는 명나라 복건성 천주 출신으로 어린 시절부터 유학을 공부하는 전형적인 모범생의 길을 걷는다. 관운도 그리 나쁘지 않아 서른 즈음 관직에 오른 이후 50대까지 평범한 관료 생활을 이어갔다. 하지만 그는 관료들의 부패한 모습에 실망한 나머지 벼슬을 그만두고 새로운 길, 즉 학문과 교육으로 방향 전환을 하게 된다. 지천명을 훌쩍 넘긴 유학자의 또 다른 삶이 시작된 것이다. 50세 이전에 자신이 개였다는 고백은 이전과는 전혀 다른 삶을 살겠다는 다짐이기도 하다.

> "나는 어릴 때부터 성인의 가르침을 읽었지만 성인의 가르침이 무엇인지 몰랐고, 공자를 존경했지만 왜 공자를 존경해야 하는지 몰랐다. 난쟁이가 광대놀이를 구경하다가 남들이 잘한다고 소리치면 그저 따라서 잘한다고 소리치는 격이었다. 나이 오십 전까지 나는 정말로 한 마리 개와 같았다. 앞의 개가 그림자를 보고 짖어대면 나도 따라서 짖어댄 것이다. 왜 그렇게 짖었는지 물으면 벙어리처럼 아무 말 없이 웃을 뿐이었다."

이지의 저서 《속분서續焚書》에 나오는 구절이다. 이 부분을 읽으면서 문득 인도의 우화가 생각났다. 어느 날 토끼가 도토리나무 아래에서 낮잠을 자고 있는데, 도토리 열매 하나가 토끼의 머리 위로 떨어졌다. 토끼는 무슨 큰일이 난 줄 알고 갑자기 뛰기 시작했다. 그러자 주위에 있던 노루, 사슴 할 것 없이 모두 토끼를 따라 달리는 것이었다. 이 장면을 보고 있던 사자는 동물들이 위험하다고 판단했다. 이대로 달리다가는 낭떠러지를 만나 모두 아래로 떨어질 것이 분명했기 때문이었다. 그래서 사자는 동물들 앞을 가로막고 이렇게 물었다.

"어디를 향해 그렇게 달리고 있느냐?"

아무도 답을 못 하자 다시 한번 물었다.

"그렇다면 왜 그렇게 열심히 달리고 있느냐?"

이때도 역시 답을 하는 이들이 없었다. 어디를 향하는지, 왜 그렇게 열심인지도 모른 채 토끼가 뛰니까 그저 따라서 정신없이 달렸을 뿐이다. 그러니 어찌 답을 할 수 있었겠는가. 이지가 느낀 감정도 이와 비슷하지 않았을까? 아무런 문제의식 없이 기존 가치 체제를 따라 살아온 자신의 모습이 보였던 것이다. 이대로 살다가는 저 동물들처럼 낭떠러지로 추락할지 모른다는 위기감이 그를 엄습했다. 멈추면 비로소 보인다고 했던가. 가던 길을 멈추자 과거의 모습뿐만 아니라 미래의 길도 보이기 시작했다.

이지는 관직을 내려놓고 호북성 지불원이라는 사찰에서 강의를 시작했다. 그러자 그의 강의를 듣기 위해 많은 사람이 몰려들었다. 흥미로운 것은 그 가운데 여성도 함께 있었다는 사실이다. 남녀가 7세가 되면 한자리에 함께하지 못한다는 당시 규율을 과감히 깨뜨린 것이다. 더욱 파격적인 것은 그가 평생 길러온 머리를 잘라버렸다는 점이다. 우리의 몸은 부모로부터 받은 것이므로 훼손하지 않는 것이 효의 시작이라는 오랜 전통 역시 깨버린 파격적인 행위였다. 이때부터 그의 이름 앞에 '이단'이라는 낙인이 붙기 시작했다. 그는 '해야 한다'는 기존의 가치 체제에 순응하지 않고 '하고자 하는' 자신만의 길을 걸은 시대의 이단아였다.

그의 명성이 높아지고 대중의 지지가 이어지자 조정에서는 부담을 갖기 시작했다. 자칫 기존의 봉건 질서가 무너질 수 있다는 불안감에 사로잡힌 것이다. 급기야 조정에서는 이지가 세상의 도를 어지럽히고 혹세무민한다는 명목으로 그를 감금하고 말았다. 말할 수 없는 고문이 이어졌지만, 자유로운 그의 정신만은 굴복시킬 수 없었다. 그는 투옥 중에 칼로 목을 찔러 생을 마감하게 되는데, 죽기 직전 그를 따르던 사람이 왜 그렇게 목숨을 끊으려고 하는지 묻자 이렇게 답했다. 이승에서 남긴 그의 마지막 말이다.

"칠십 넘은 늙은이가 더 바랄 것이 뭐가 있겠소."

바랄 것 없는 인생

이지를 읽다 보면 누구라도 자연스럽게 니체를 떠올릴 것 같다. 니체편에서 살펴본 《차라투스트라는 이렇게 말했다》 서문에 나온 낙타와 사자, 아이의 정신이 마치 이지의 삶 전체를 보여주는 것 같기 때문이다. 쉰 이전의 삶이 '해야만 하는' 낙타의 삶이었다면, 이후의 삶은 '하고자 하는' 사자의 주체적인 삶이었다. 그리고 그 원천은 이지 철학의 핵심인 동심童心, 즉 어린아이의 마음에서 나온 것이다. 니체가 높이 평가했던 솔직한 아이의 모습을 이지에게서도 발견할 수 있다. 그렇다면 이지에게 동심은 어떤 의미일까?

"동심은 진실한 마음이다. 어린아이는 사람의 첫 모습이며 동심은 사람의 첫 마음이니, 첫 마음이 어찌 없어질 수 있겠는가."

사람은 태어날 때 어린아이의 모습으로 이 세상에 나오며,

그 아이가 가지는 첫 마음이 바로 동심이다. 문제는 사람들이 이러한 동심을 잃어버린 채 세상을 살아간다는 데 있다. 그렇다면 우리는 왜 동심을 잃어버릴까? 이지는 그 원인을 견문見聞과 도리道理에서 찾고 있다. 어릴 때부터 어른들의 행동을 보고 들은 것이 '반드시 해야만 하는' 도리가 되면, 그것들이 우리 마음의 주인으로 자리 잡고 급기야 동심이 없어진다는 지적이다.

어린 시절 어른들과 식사할 때는 절대 수저를 먼저 놓거나 자리를 떠나서는 안 된다는 말씀을 아버지로부터 귀가 따갑도록 들었다. 그래서 밥을 다 먹었는데도 자리에 앉아 있어야 했고, 화장실이 급해도 꾹 참아야만 했다. 어찌 보면 예절, 도리라는 이름으로 자유를 억압받고 있었던 셈이다. 이러한 형식이 고착화되면 여러 문제가 발생할 수 있다. 예컨대 머리에 큰 상처가 나서 수술을 하려면 머리카락을 잘라야 하는데, 부모로부터 받은 것이기 때문에 자를 수 없다고 한다면 어떻게 되겠는가. 형해화된 도리를 지키다가 목숨까지 잃을 수도 있는 일이다. 이처럼 견문과 도리가 우리의 내면에 들어와 주인 행세를 하면서 솔직하고 진실한 어린아이의 마음을 잃는다는 것이 이지의 생각이었다.

이지는 나이 쉰이 넘어서야 이러한 사실을 깨닫고 잃어버린 마음을 찾고자 했다. 그러자 공자를 비롯하여 성인이라 불리는 이들을 따라 했을 뿐, 한 번도 자신의 목소리를 내보지 못한 지난날의 모습이 보이기 시작했다. 쉰 이전에 자신은 개에 불과했다는 고백은 이러한 성찰에서 나왔다. 지금까지 무엇을 원하는지도 모른 채 다른 사람의 욕망에 맞춰 유학을 공부하고 벼슬하면서 살았다면, 앞으로는 본래의 어린아이로 돌아가 자신의 욕망대로 살겠다는 다짐이기도 하다. 그 모습이 당시의 유학자들에게는 곱지 않게 보였을 터. 자신들의 기득권을 받치고 있던 가치 체제가 무너질 수 있기 때문이었다. 그가 사문난적斯文亂賊으로 지탄받았던 이유다.

　이지는 그렇게 이단으로 몰려 옥고를 치러야 했다. 그리고 죽으면서 더 바랄 것이 뭐가 있겠느냐는 말을 남기고 75세의 나이로 이승을 떠났다. 살 만큼 살았는데, 더 사는 것이 무슨 의미가 있겠느냐는 노인의 푸념처럼 들릴지도 모르겠다. 하지만 내게는 노인이 아니라 자신만의 길을 솔직하고 당당하게 걸으면서 삶을 뜨겁게 불태운 한 남자의 모습이 그려진다. 문득 프랭크 시나트라Frank Sinatra(1915~1998)의 유명한 노래 〈마이 웨이My way〉가 떠오른다.

"하지만 무엇보다 중요한 건 나의 길을 걸었다는 거야."

가수는 모든 길을 걸으면서 충만한 인생을 살았지만, 그것보다 훨씬 중요한 것은 자신만의 방식으로 삶을 영위하는 일이었다고 노래했다. 그리고 "그것이 바로 나의 길It was my way"이라고 외치면서 노래를 마무리했다. 이 노래를 들으면서 이지의 삶과 묘하게 오버랩되었다. 이지 역시 자신만의 길을 솔직하고 당당하게 걸어온 인물이기 때문이다. 그렇게 동심으로 살다가 이지는 더 이상 바랄 것이 없다는 유훈을 남기고 세상을 떠났다. 그의 말처럼 다른 사람을 따라 하는 삶이 아니라 자신만의 철학을 가지고 주체적으로 살아낸 이에게 더 이상 바랄 것이 뭐가 있겠는가.

이러한 이지의 삶이 담긴 저서 《분서焚書》는 이름처럼 불태워질 운명을 갖고 세상에 나온 책이다. 이 책이 명나라와 청나라에 걸쳐 읽어서는 안 되는 금서 목록에 오르자 대중의 관심은 더욱 뜨거워졌다. 라캉Jacques Lacan(1901~1981)이 그러지 않았던가. 인간은 금지된 것을 욕망하는 존재라고. 이 책이 금지의 대상이 되는 순간, 읽고 싶은 사람들의 욕망은 더욱 불타올라 오히려 많은 관심의 대상이 되고 말았다. 마치 군사독재 정권 시절 정부에서 장발을 단속하자 젊은 청춘들이 악착같이 머리를 길렀던 것과 비슷한 현상이라 할 것이다. 금지곡이 더욱 유행한 것은 말할 필요도 없다. 당대 사람들의 금지된 욕망 또한 시대의 이단아 이지를 향하고 있었다.

우리가 이단에 대해 오해하는 것이 있다. 그것은 바로 이단이 그른非 것이 아니라 다른異 것이라는 사실이다. 그른 것과 다른 것은 범주가 완전히 다르다. 지구가 네모나다는 주장은 틀린 것이지만, 빨간색은 파란색과 다른 것이다. 사람을 해치는 것은 그릇된 행위지만, 양명학은 주자학과 다른 사상이다. 양명학 좌파에 속했던 이지는 봉건적 질서와 성리학적 사유 속에 매몰된 사람들과 다르게 살았을 뿐이다. 자유롭고 주체적인 의식을 가지고 말이다. 그처럼 자신만의 삶을 살아낸 이지에게 이단아라는 호칭은 오히려 영광의 징표였다.

그는 탁오卓吾라는 호처럼, 아무 생각 없이 기존 가치 체제에 무조건 순응하던 가짜 나를 버리고 진짜 나를 제대로 높였다. 탁오는 솔직하고 당당하게 살았다는 자부심의 또 다른 이름이었던 것이다. 이 정도면 이단아로 살아온 보상을 충분히 받은 것이 아닐까?

25

이황

매화를 사랑한 까닭은?

Philosophy of
Last Words

"매화나무에 물을 주어라."

李滉
1501~1570

성리학자와 매화

1,000원짜리 지폐에 등장하는 퇴계 이황은 보수적인 전통 가치를 지키는 올곧은 선비 분위기를 풍기는 동시에, 자신의 신념을 젊은이에게 강요할 것 같은 꼰대 느낌을 주기도 한다. 하지만 퇴계는 꼰대 이미지와 달리 젊은이의 말에 귀를 기울이고 상대가 옳다고 판단하면 자신의 주장을 굽힐 줄 아는 사람이었다. 한마디로 소통을 아주 잘하는 성리학자였다. 당시 패기만만한 신진 학자인 고봉高峯 기대승奇大升 (1527~1572)과 벌인 사단칠정론四端七情論을 통해 우리는 퇴계가 얼마나 유연하고 열린 사고를 가진 인물인지 확인할 수 있다.

　퇴계는 경북 안동 출신으로 좌찬성을 지낸 이식李埴의 7남 1녀 중 막내로 태어났다. 그가 태어난 지 7개월 만에 부친은 세상을 떠나고 홀어머니 밑에서 자라게 된다. 여느 사대부처럼 그는 어린 시절부터 유학을 공부하고 진사시에 급제하여 성균관에 들어간다. 그리고 마침내 대과에 합격하여 여러 관직을 두루 거친다. 벼슬보다는 학문과 제자 육성에 관심을 가진 그는 46세에 낙향하지만, 이후에도 여러 차례 조정의

부름으로 도성과 고향을 오가야 했다. 60세에 이르러서는 안동으로 돌아와 도산서당을 짓고 제자들을 가르쳤다. 우리에게 널리 알려진 도산서원은 그가 죽은 후 6년이 지난 다음에 완공된 서원이다. 이후 도산서원은 오늘에 이르기까지 영남 유학을 대표하는 상징적인 공간으로 남아 있다.

그가 활동할 당시 조선은 성리학을 통치 이념으로 삼아 정치, 사회, 문화 등 거의 모든 분야에 활용하고 있었다. 퇴계는 당시 학계를 대표하는 성리학자로서 그 위치를 공고히 하고 있었다. 그런데 앞서 언급한 젊은 학자인 고봉이 퇴계의 주장에 공개적으로 반론을 제기했다. 그것이 유명한 사단칠정론이다. 한국 유학의 역사에 길이 남을 만한 기념비적인 논쟁이다. 본래 사단이란 맹자가 강조한 측은지심과 수오지심, 사양지심, 시비지심을 가리킨다. 인간은 이 네 가지 마음을 가지고 태어나기 때문에 우리의 성품이 본래부터 선하다는 것이 맹자 성선설의 요체다. 그리고 칠정은 인간의 일곱 가지 감정으로 희喜, 노怒, 애哀, 구懼, 애愛, 오惡, 욕欲을 가리킨다. 한마디로 사단이 지극히 선한 천성天性이자 도심道心이라면, 칠정은 악이 포함된 인간의 감정, 즉 인심人心이라 할 수 있다.

당시 정지운鄭之雲(1509~1561)이라는 학자는 《천명도설天命圖說》에서 "사단은 이에서 발현하고, 칠정은 기에서 발현한다四端發於理 七情發於氣"라고 했는데, 퇴계는 이를 조금 고 쳐서 "사단은 이가 발현한 것이며, 칠정은 기가 발현한 것이 다四端理之發 七情氣之發"라고 주장했다. 이와 기의 주체성을 강조한 입장이라 할 것이다. 그런데 고봉은 사단도 칠정 이 외에 따로 존재하는 것이 아니며 이를 떠난 기도, 기를 떠난 이도 없기 때문에 이발理發과 기발氣發로 대립하여 논하는 것은 잘못이라고 반박했다. 한마디로 사단이나 칠정 모두 인 간의 감정인데, 왜 굳이 구분하느냐는 것이었다.

고봉의 반론에 퇴계도 재반론을 이어가는데, 이 논쟁은 서 신을 통해 무려 8년 동안이나 계속된다. 26년 차이가 나는 젊은 학자가 당대 최고의 원로 학자를 비판한 것이기 때문에 퇴계의 입장에서 보면 무례하다고 느낄 수 있다. 하지만 퇴 계는 고봉의 반론에 성의를 다해 답을 했고, 고봉의 의견이 타당하다고 판단해서 자신의 주장을 일부 수정하기에 이른 다. 그것이 바로 이와 기가 서로 발현한다는 이기호발설理氣 互發說이다. 사단은 '이가 발현하고 기가 따르는 것理發而氣隨 之'이며, 칠정은 '기가 발현하고 이가 타는 것氣發而理乘之'이 라고 입장을 바꾼 것이다.

조금 복잡하게 느낄 수도 있지만, 이 논쟁은 '인간이란 무 엇인가?'라는 인문학의 근본 물음에 관한 것이다. 당시 퇴계 는 천리와 인욕, 이성과 감정 등을 분명하게 구분해야 인간

이황

의 본래 모습을 회복할 수 있다고 믿었다. 이는 순수지선純粹至善한 천성이 인간의 욕심으로 인해 타락해서는 안 된다는 신념의 발로였다. 그가 인간의 욕망이 투영된 현실의 기보다 본래부터 선한 이를 중시한 이유이기도 하다. 퇴계와 고봉의 입장 차이를 떠나 상대의 의견을 진지하게 경청하고 그것이 옳다고 생각하면 자신의 주장을 수정하는 태도는 오로지 상대를 이기려고만 하는 오늘날의 토론 문화에 귀감이 된다. 토론은 이렇게 서로를 존중하면서 수준 있게 해야 한다.

퇴계는 학문과 교육에 힘쓰면서 여생을 보내게 되는데, 특히 말년에 심혈을 기울여 완성한《성학십도》는 사람들에게 널리 알려진 책이다. 성학은 성인이 되기 위한 학문, 즉 성리학을 가리킨다. 그러니까 성인이 되기 위한 길을 열 가지 도식을 통해 설명한 저술이다.《성학십도》는 당시 17세의 어린 나이로 왕위에 오른 선조가 성군이 되기를 바라는 마음에서 지은 책이기도 하다.

정통 성리학자인 퇴계는 천명으로서 타고난 고결한 성품을 중시한 인물이다. 그래서인지 매화를 유독 사랑한 것으로 알려졌다. 자신이 지은 매화 관련 시들을 모아《매화시첩梅花詩帖》으로 남길 정도였다. 마지막 눈을 감는 순간까지 곁에 함께한 꽃도 매화였다. 이뿐만 아니라 그의 마지막 유훈도 매화를 향하고 있었다.

"매화나무에 물을 주어라."

처사의 마음으로

매화나무에 물을 주라는 유훈을 단양군수 시절에 만났던 관기 두향杜香과 연결해서 이해하는 이들도 있다. 시詩와 서書, 가야금에 능했던 두향은 매화를 무척이나 사랑했다. 당시 부인과 아들을 잃고 힘든 시간을 보내던 퇴계에게 두향은 눈 속에 핀 설중매雪中梅와 같았다. 그는 두향을 만나 상처를 치유하고 사랑에 빠지게 되는데, 퇴계가 풍기군수로 가면서 두 사람의 로맨스는 9개월 만에 끝나고 만다. 두향은 단양을 떠나는 임에게 분매盆梅를 전해주었으며, 퇴계는 평생 이 화분을 가까이 두고 그녀를 대하는 것처럼 아꼈다고 한다. 퇴계가 매화를 아낀 이유도 바로 여기에 있으며, 매화에 물을 주라는 말을 남긴 것 또한 두향을 향한 지극한 사랑이라는 해석이다.

그녀를 향한 마음이 어떠했는지는 퇴계만이 알 수 있겠지만, 그가 매화를 남달리 사랑한 것은 분명한 것 같다. 매화를 주제로 쓴 시가 100여 편에 이르는 것만 봐도 이를 알 수 있다. 그가 관직을 그만두고 안동으로 떠나면서 쓴 매화와의 이별 시 한 편을 감상해보자.

"고향으로 돌아가면서 그대와 함께하지 못해 아쉽구려.
티끌 많은 한양에서 고운 모습 잘 간직해주오."

안동으로 매화를 데려가지 못하는 아쉬움이 진하게 밴 시다. 퇴계는 그 순간 매화의 마음이 되어 자신에게 이런 답시를 보낸다.

"원컨대 우리 서로 사모할 때처럼 옥설 같은 맑고 진실한
마음 잘 간직해주오."

이처럼 퇴계는 매화를 자신과 '하나'라고 느끼면서 아끼고 또 아꼈다. 그런데 그의 매화 사랑을 퇴계의 철학과 관련해서 이해하면 또 다른 의미로 다가온다. 앞의 시에서 보이는 것처럼 매화는 옥설같이 맑고 청정한 인간의 본래 성품을 의미한다. 매화의 꽃말이 '고결한 마음' '품격'인 것도 같은 맥락이다. 이처럼 매화가 천명으로서 본성을 상징한다면, 이를 잃어버리지 않도록 잘 지키고 가꾸는 일은 성리학자의 당연한 책무라 할 것이다. 퇴계는 고요하고 맑은 천성이 현실적

인 문제로 흔들릴 때마다 옆에 있는 매화를 바라보면서 자신의 본성을 잃지 않도록 채찍질했던 것이다.

퇴계는 존천리거인욕存天理去人欲, 즉 천리를 보존하고 인욕을 멀리해야 한다고 강조했다. 천리는 곧 악이나 세속적 욕망이 전혀 없는 천성을 의미한다. 이것을 잃지 않고 잘 보존하기 위해서는 매화가 추운 겨울을 잘 이겨낸 것처럼, 먼지 가득한 세상에서 본성이 욕심에 물들지 않도록 잘 다스려야 한다. 그래야 봄이 찾아오면 매화가 고결한 자태를 드러내는 것처럼 우리도 인성의 꽃을 활짝 피울 수 있는 것이다. 퇴계는 인성의 길을 묵묵히 걸었던 인물이다. 그가 이상주의자라는 비판을 받으면서도 본연지성本然之性을 지켜야 한다는 주장을 굽히지 않았던 이유이기도 하다. 매화는 바로 이를 상징적으로 보여주는 꽃이다. 그러니 두향과의 로맨스를 떠나 어찌 매화를 사랑하지 않을 수 있었겠는가.

퇴계는 죽기 전에 자신의 명정銘旌에 단지 처사處士라고 쓰라는 유언을 남기기도 했다. 대제학과 예조판서, 이조판서 등 고위직을 두루 거친 인물과는 전혀 어울리지 않는 이름이다. 처사 또는 학생學生은 벼슬하지 않은 이들에게 해당하는 용어다. 흔히 제사를 모실 때도 고인이 관직을 맡지 않았으면 학생이나 처사라는 이름을 사용한다. 그 의미를 모를 리 없는 퇴계가 왜 자신을 처사라 했을까? 그저 자신을 낮추는 겸손한 말이었을까?

여기에는 좀 더 깊은 뜻이 담겨 있는 것 같다. 유학의 목적이 수기치인修己治人에 있다는 점에서 볼 때, 처사는 그리 좋은 말이 아니다. 한적한 곳에서 자신을 수양하는 선비는 다른 사람을 다스릴 수 없기 때문이다. 유학의 목적을 완성하기 위해서는 과거에 급제하여 벼슬을 해야 한다는 것이 당시 통념이었다. 관직에 나가는 목적이 단지 입신양명에 있었던 것이 아니라는 뜻이다. 그럼에도 퇴계가 처사를 자처했던 것은 타고난 본성이 세속적 욕망에 물들지 않도록 수양하는 일이 그만큼 중요하다고 생각했기 때문이다. 이를 매화 사랑과 연결해서 생각하면 그 뜻은 더욱 분명해진다. 그에게 처사는 인성이라는 매화나무에 물을 주는 고귀한 선비였던 셈이다. 그의 매화 시를 한 편 더 감상해보자.

> "내 전생은 밝은 달이었지, 몇 생이나 닦아야 매화가 될 수 있을까?"

순수하고 고결한 인성의 매화가 되기 위해 얼마나 자신을 갈고닦았는지 가늠할 수 있는 시다. 매화나무가 아무리 곱고 아름다워도 물을 주지 않으면 말라 죽게 된다. 이처럼 우리의 본성 또한 아무리 맑고 깨끗해도 인욕에 물들지 않기 위해서는 끊임없이 자신의 마음을 닦아야 한다. 그것이 바로 처사의 본분이며, 퇴계는 평생 이런 선비의 마음으로 살고자 했다. 그래서 높은 관직 대신 처사라는 이름을 고귀하게 생각했던 것이다.

온갖 탐욕에 눈이 멀어 양심을 잃고 사는 오늘의 우리에게 퇴계의 가르침은 새로운 의미로 다가온다. 올해도 매화는 추운 겨울을 이겨내고 아름답게 피어났다. 아무리 혹한이 몰려와도 매화는 또다시 고운 자태를 드러낼 것이다. 매화는 본래 그런 존재다. 이와 같이 우리의 인성 또한 자본과 권력에 대한 탐욕, 허영과 자만 등의 차디찬 기운이 밀려와도 이를 잘 견뎌내고 맑고 고운 모습으로 피어나면 좋겠다.

매화는 봄소식을 처음으로 알려주는 꽃이다. 거기에는 우리에게도 인성의 봄이 오기를 바라는 마음 또한 담겨 있다. 그 희망을 놓치고 싶지 않아 퇴계는 늘 매화를 곁에 두고 그 고귀한 의미를 곱씹었다. 내 안에 있는 매화나무가 잘 자라고 있는지 한 번 살펴보고 물 좀 줘야 할 것 같다.

이황

26

이이

운명적 나라 사랑

Philosophy of
Last Words

"나의 이 몸은 다만 나라를 위함 뿐이다.
만약 이 일로 인해 병이 더 심해져도 역시 운명이다."

李珥
1536~1584

현실이 이상을 앞선다

율곡 이이와 신사임당申師任堂(1504~1551). 모자가 동시에 지폐에 나온 경우는 세계에서도 유래를 찾아보기 힘들다. 그런데 5만 원권을 발행할 당시 사임당은 현모양처를 상징하는 인물로 알려졌기 때문에 적지 않은 논란이 일기도 했다. 가부장제에 어울리는 인물이 어떻게 21세기 여성상을 대표할수 있느냐는 것이었다. 하지만 사임당은 알려진 것과 달리시와 그림에 뛰어난 재능을 발휘하면서 한 시대를 당당하게살다 간 여성이었다. 남편에게 순종하는 스타일도 아니었으며, 죽으면서 남편에게 재혼하지 말라는 유언까지 남길 정도로 자기감정에 솔직했다. 그렇기 때문에 솔직하고 당당한 오늘의 여성을 대표할 수 있다는 반론도 만만치 않았다.

율곡은 어머니의 친정인 강릉 오죽헌에서 태어났다. 그리고 아버지 이원수李元秀(1501~1561)의 고향인 파주 율곡리를오가면서 어린 시절을 보냈다. 율곡栗谷이라는 호는 바로 이곳 파주의 밤나무골을 뜻한다. 율곡이 등장할 때마다 아버지가 아니라 어머니의 이름이 따라붙는 것은 그만큼 사임당의영향이 컸다는 의미다. 율곡은 어린 시절부터 어머니에게 훈

육을 받으면서 성장했다. 화폐 속 율곡은 엄숙한 선비의 이미지를 하고 있지만, 오늘날로 보면 엄친아와 마마보이 같은 면을 동시에 갖추고 있는 인물이라 할 수 있다.

그는 어머니뿐만 아니라 외할머니의 영향도 많이 받았다. 한양에서 벼슬할 때도 외할머니 생각이 나면 강릉으로 달려갈 정도였다. 두 여인의 사랑을 듬뿍 받고 자란 율곡은 어릴 때부터 신동으로 널리 알려져 있었다. 그는 13세의 나이에 진사시 장원급제를 시작으로 아홉 번에 걸쳐 과거시험 장원을 차지할 만큼 학문적 재능이 뛰어났다. 이런 율곡에게 사람들은 구도장원공九度壯元公이란 별명을 붙여주기도 했다.

그런데 그의 나이 15세 때 정신적 지주였던 어머니가 세상을 떠나게 된다. 갑작스러운 어머니의 죽음에 효성이 지극했던 율곡은 깊은 상실감에 빠진다. 그는 3년 동안 시묘侍墓살이를 하면서 '삶과 죽음이란 무엇인가?'에 대해 근원적인 질문을 던지고 불교 경전을 읽게 된다. 그 영향 때문인지 율곡은 3년 상을 마치자마자 금강산으로 들어가 머리를 깎고 출가하기에 이른다. 어릴 때부터 정통 성리학을 공부한 선비가 불교에 귀의한 것이다. 그 기간이 길지 않은 1년에 불과했지만, 성리학의 나라 조선에서 그의 출가 이력은 두고두고 문젯거리가 되었다. 특히 사림士林이 동인과 서인으로 갈라져 당파 싸움을 시작하면서, 반대편에 있던 동인과 남인들은 율곡을 비판하는 근거로 자주 활용하곤 했다.

어찌 보면 사임당의 죽음 이후 율곡이 출가를 하고 환속하는 과정은 어머니를 의존하는 삶에서 벗어나 홀로서기를 위한 여정이라고 볼 수 있다. 앞서 언급한 것처럼 그만큼 어머니의 영향이 컸던 것이다. 환속 이후 그는 조선 시대 삼사三司로 불리는 사헌부司憲府와 사간원司諫院, 홍문관弘文館의 주요 관직을 두루 거치면서 출세가도를 달린다. 그리고 이조판서와 형조판서, 병조판서 등을 역임하다가 말년에는 벼슬을 그만두고 학문과 교육에 몰두한다.

율곡 이이는 퇴계 이황과 더불어 한국 성리학을 대표하는 양대 산맥이다. 퇴계가 이理를 중시하는 영남학파嶺南學派를 대표한다면, 율곡은 기氣를 중시하는 기호학파畿湖學派를 대표한다. 앞에서 살펴본 것처럼, 퇴계는 사단과 칠정, 도심과 인심, 천리와 인욕, 본연지성本然之性과 기질지성氣質之性을 구분한 다음, 인간의 타고난 본성을 잘 보존하고 인욕을 멀리해야 한다고 주장했다. 하지만 율곡은 이 둘이 근본적으로 분리될 수 없다고 보았다. 사람의 마음에 천리와 인욕이 모두 담겨 있기 때문이다. 다만 그것이 도의를 위해 발현했는지, 아니면 인욕을 위해 발현했는지가 다를 뿐이다. 한마디로 모든 것이 인간의 마음일 뿐인데, 왜 군이 구분하느냐는 것이다. 관념적으로 구분이 가능할지 몰라도 현실에서는 모두 하나인 감정일 뿐이다. 이상理보다는 현실氣을 중시하는 태도에서 나온 주장이라 할 것이다.

율곡은 비교적 이른 나이인 48세에 병으로 세상을 떠나게 되는데, 마지막 모습이 매우 인상적이다. 그가 병이 들자 선조는 의원을 보내 치료하도록 한다. 이때 임금은 서익徐益이라는 인물을 함께 보내 변방에 관한 일을 묻고 오도록 시킨다. 자식들은 병세가 위중하므로 서익을 만나지 않는 것이 좋겠다고 했지만, 율곡은 이를 뿌리치면서 이렇게 말한다.

> "나의 이 몸은 다만 나라를 위할 뿐이다. 만약 이 일로 인해 병이 더 심해져도 이 역시 운명이다."

결국 이 말이 율곡의 마지막 유훈이 되고 말았다. 율곡은 힘든 몸을 일으켜 여섯 가지 전략六條方略에 대한 이야기를 서익에게 전한 다음 쓰러지고, 다음 날 세상을 떠난다.

학문의 이상, 나라 사랑으로 완성된다

율곡은 병조판서로 재직할 때 과로로 병을 얻었는데, 이승을 떠나는 순간까지 나라를 걱정했다. 그가 왜구의 침략에 대비한 십만양병설을 주장했다는 내용도 이처럼 나라를 걱정하는 배경에서 나온 것이다. 그렇다면 율곡의 나라 사랑을 우리는 어떻게 이해해야 할까? 율곡이 고위직을 역임한 관료이자 당대 최고의 성리학자라는 점을 염두에 두고 그의 마음을 엿보고자 한다.

율곡이 지은 저서 가운데 사람들에게 널리 알려진 《격몽요결》이 있다. 유학에 입문하는 초심자를 위해 쓴 책으로, 여기에는 올바로 살아가기 위해 깨쳐야 할 열 가지 덕목이 담겨 있다. 《천자문》이나 《동몽선습》과 함께 조선 시대에 널리 읽힌 책으로, 전국에 있는 향교에서 교재로 사용되기도 했다. 그는 이 책 서문에서 다음과 같이 말하고 있다.

> "사람이 세상을 살면서 학문을 하지 않는다면 사람다운 사람이 될 수 없다. 이른바 학문이란 현실을 벗어난 이상하고 특별한 것이 아니다."

율곡에게 학문은 일상을 벗어나 별도로 존재하는 것이 아니다. 그가 이와 기, 천리와 인욕, 도심과 인심을 구분하지 않고 하나로 파악한 이유도 여기에 있다. 공부를 하는 목적도 다름 아닌 현실에서 사람다운 사람으로 살아가기 위한 것이다.

그런데 당시 사람들은 이를 알지 못하고 쓸데없이 높고 멀리 있는 것만 추구하면서 실천하기 어렵다고 생각했다. 율곡은 성리학이 현실을 담아내지 못하고 관념 속에 빠져버린 당시의 학풍을 비판하고 사람들이 뜻을 세워 공부하고 이를 일상에서 실천할 수 있도록《격몽요결》을 저술한 것이다. 특히 주목되는 것은 그가 벼슬하는 목적을 분명히 천명했다는 점이다.

> "벼슬이란 다른 사람을 위하는 것이지 자신을 위하는 것이 아니다."

율곡이 그저 그렇게 살다 간 인물이었다면, 이 말은 단지 선언적 의미로만 받아들였을 것이다. 하지만 그는 정치를 자신이 아니라 백성들을 위한 길이라 생각하고 실제로 그런 삶을 살았던 학자였다. 죽어가면서까지 나라를 걱정하는 마음으로 자신의 몸을 돌보지 않은 것만 봐도 어렵지 않게 짐작할 수 있다. 병이 더 심해져 목숨을 잃더라도 이 역시 운명이라 생각하고 최선을 다해 나라를 튼튼하게 지키기 위한 방책을 제시했던 것이다.

퇴계편에서 살펴본 것처럼, 유학의 이상은 자기 몸을 닦아서 다른 사람을 다스리는 데 있다. 그런데 이를 완성하기 위해서는 과거시험에 합격해서 정치를 해야 한다. 단지 개인 수양에 힘쓰는 처사나 학생의 차원에서 그치는 것이 아니라 현실 정치로 나아가야 한다는 뜻이다. 그는 아홉 번이나 장원급제를 할 정도로 공부를 잘했으며, 이를 바탕으로 여러 관직을 두루 거치면서 백성을 위해 정치를 한 인물이다. 이런 점에서 그는 성리학을 공부하는 목적에 가장 부합하는 학자라 할 수 있다.

율곡은 벼슬하는 목적이 자신을 위한 것이 아니라 다른 사람을 위한 것임을 분명히 했다. 이는 유학의 이상과 정확히 일치한다. 유학 또한 위기爲己가 아니라 위인爲人에서 완성되기 때문이다. 흔히 국가가 성립하는 요소로 주권과 영토, 국민 세 가지를 든다. 세 요소 모두 중요하지만, 무엇보다 우선하는 것은 국민이다. 국민은 율곡이 말한 다른 사람의 총체를 가리킨다. 이를 위해 그는 평생을 헌신했다. 학자이자 정치가인 율곡의 나라 사랑은 곧 위인의 길이었던 셈이다. 그는 자신이 공부한 성리학을 관념 속에 묶어둔 것이 아니라 현실에서 살려내 정치로 완성하기 위해 노력했다.

옛 선인들은 자신이 역사에서 어떤 모습으로 기억될 것인가를 두려운 마음으로 성찰하곤 했다. 이는 오늘이라고 해서 다르지 않다. 만약 자신의 아들이 학교에서 6.29 선언을 공부하고 와서 "아빠는 6.10 항쟁 때 뭐했어?"라고 묻는다면 어떻게 답할 수 있을까? 참으로 무서운 질문이다. 그래서인지 중요한 역사적 현장에 아이들 손을 잡고 나오는 부모의 모습을 종종 볼 수 있다. 역사는 그만큼 무섭고도 떨리는 삶의 현장인 것이다.

우리는 지금 나라 사랑을 운명으로 여긴 율곡의 역사와 만나고 있다. 그는 나라 사랑을 단순한 구호로 외친 것이 아니라 실제 삶 속에서 실천한 인물이다. 오늘날 각종 집회 현장에 애국이라는 단어가 많이 보이는데, 율곡이 그들에게 묻고 있는 것 같다. 진정 나라 사랑이 무엇인지 생각해보았느냐고 말이다. 깊이 성찰해볼 일이다.

홍대용

과학에도 철학이 있다

Philosophy of
Last Words

"한 번 헤어지면 천고토록 지날 테니,
황천에서 서로 만난다면 부끄럽지 않도록 맹세합시다."

洪大容
1731-1783

한국 과학계의 선각자

오래전 실학을 공부하면서 담헌 홍대용의 《의산문답》을 번역한 적이 있다. 그때 이 책을 읽으면서 적지 않은 충격을 받았다. 거기에는 지구가 네모난 것이 아니라 둥근 모양이며 하루에 한 번 자전한다는 내용이 나와 있었기 때문이다. 이뿐만 아니라 우주에는 인간과 같은 지적인 생명체가 존재한다고 홍대용은 주장했다. 지금은 누구나 아는 상식이지만, 18세기 조선 후기라는 시대를 감안하면 지구구체설이나 자전설은 거의 혁명에 가까운 주장이었다. 그것도 성리학적 관념이 지배하던 시절 스스로 실험·관찰하면서 깊이 사유한 끝에 내놓은 주장이라는 점에서 더욱 놀라움을 자아낸다. 한마디로 그는 한국 과학계의 선각자였던 셈이다. 그렇다면 그의 주장에 담긴 철학적 의미는 무엇일까?

홍대용은 청주 출신으로 자는 덕보德保, 호는 담헌湛軒이다. 어린 시절 부친이 나주 목사를 지낸 관계로 그곳에서 많은 시간을 보내게 된다. 당시 나주 근처에는 나경진羅景鎭이라는 천문학자가 살고 있었는데, 홍대용은 그에게 많은 영향을 받았다. 어린 과학자는 거의 매일같이 그의 집을 찾아가 천문을 관측하는 기구인 혼천의渾天儀와 후종候鐘이라는 자명 시계를 보면서, 그 원리와 제작 기술 등을 탐구하곤 했다. 이뿐만 아니라 일찍부터 천문학에 심취했던 담헌은 관련 서적을 탐독하면서 천체를 관찰하기도 했다. 이러한 관찰과 탐구를 통해 내린 결론은 지구가 원형이며 스스로 돌고 있다는 것이었다. 천원지방天圓地方, 즉 '하늘은 둥글고 땅은 모나다'는 것을 진리라 여겼던 당시 그의 주장은 파격적이었다.

1765년 그는 동지사冬至使 일행을 따라 북경을 방문하는데, 이는 과학자로서 견문을 넓히는 중요한 계기가 되었다. 두 달가량 머물면서 그는 청나라 과학자들, 독일 선교사들과 교류하면서 지구가 돈다는 의견을 피력하곤 했다. 당시 중국에는 이미 서구 학문이 소개되었기 때문에 지구구체설이나 지동설을 주장하는 사람이 없었던 것은 아니다. 그러나 대부분은 가치 없고 쓸데없는 주장이라 치부하면서 관심을 두지 않았다. 이런 상황에서 조선의 학자가 자전설을 주장했으니, 사람들은 놀라지 않을 수 없었다. 이때의 경험을 살려 홍대용은 《열하일기》의 저자이자 절친한 벗인 연암燕巖 박지원朴趾源(1737~1805)이 청나라에 갈 때 북경에서 교류했던 학자들을 만날 수 있도록 편지를 써주는 등의 도움을 주기도 했다.

청나라에서 돌아온 홍대용은 그곳에서 보고 익힌 내용을

책으로 정리하여 조선 사회에 전하기 시작했다. 그는 나라가 부강하기 위해서는 과학기술이 발전해야 한다는 점을 가까운 지인들에게 역설했다. 특히 박지원의 사랑채에 모인 젊은 학자들에게 홍대용은 청나라에서 가져온 새로운 문물을 소개하기도 했다. 거기에 모인 인물들은 흔히 실학의 2기라 불리는 이용후생파利用厚生波에 해당되는 박지원, 박제가朴齊家, 이덕무李德懋, 유득공柳得恭 등이었다. 주로 당시 지배계층인 노론 계열의 자제들이 주축을 이루고 있었다.

이런 점에서 보면 실학의 제1기인 경세치용파經世致用波가 권력에서 소외된 남인 계열이 주를 이룬 것과는 대조적이다. 이수광李睟光과 허균許筠, 유형원柳馨遠, 박세당朴世堂 등이 주축이 된 경세치용파가 농촌의 분위기에서 성장했다면, 이용후생파는 18세기 후반 서울이라는 도시적 분위기에서 형성되었다는 특징을 지닌다. 특히 그들은 청나라로부터 새로운 학문과 문물을 적극적으로 수용해야 한다고 주장했다. 성리학적 관념에 빠져 이미 망해버린 명나라를 흠모하면서 청나라를 쳐야 한다는 북벌론과는 완전히 다른 시각이었다. 역사는 이들을 가리켜 북학파北學派라 부른다.

홍대용은 비교적 좋은 집안에서 태어났지만, 과학에 뜻을 두었기 때문에 과거시험을 위한 공부는 열심히 하지 않았다. 과거에 몇 번 실패한 그는 대사간大司諫을 지낸 조부와 목사牧使를 지낸 부친 덕분에 음직蔭職으로 작은 벼슬을 할 수 있었다. 음직이란 과거를 치르지 않고 얻게 되는 벼슬을 말한다. 그는 동궁의 교육을 담당하는 시직侍直이라는 직책을 맡아 정조正祖가 세손으로 있을 때 학문을 가르치기도 했다. 정조에게 홍대용은 스승이 되는 셈이다. 이후에는 지방으로 내려가 태인泰仁 현감과 영천榮川 군수 등의 소임을 맡기도 했다. 정조가 왕위에 오르자 그는 어머니의 병을 이유로 사직하고 고향으로 내려와 평소 마음에 두었던 과학기술을 연구하는 데 시간을 보냈다.

하지만 하늘은 그를 너무 빨리 데려가고 말았다. 관직에서 물러난 지 1년도 지나지 않아 중풍으로 쓰러진 것이다. 우리나라 과학계의 선구자 홍대용은 그렇게 세상과 이별을 했다. 소식을 들은 박지원은 도저히 믿을 수 없다는 표정으로 한걸음에 달려왔다. 슬픔을 간직한 채 박지원은 벗의 묘지명을 쓰면서 작별 인사를 했다. 다음은 《홍덕보묘지명洪德保墓誌銘》의 일부 내용이다.

"아! 덕보는 통달했고 민첩했으며 겸손했고 우아했으며 식견이 원대하고 이해가 정밀했다. 덕보는 일찍이 지구가 한 번 자전하면 하루가 된다고 논했으니, 그 학설이 미묘하고 현묘했으며 오묘했다."

철학이 있는 과학

오늘날 홍대용은 우리나라 과학계의 선각자라는 평가를 받는다. 그렇다면 당시는 어땠을까? 한마디로 그에 대한 관심이 별로 없었으며, 지구자전설에 대해서는 말도 안 되는 주장이라고 일축했다. 홍대용에게 호의적인 태도를 보인 사람도 그를 세속에서 벗어나 마음을 수양하는 처사 정도로 인식했다. 묘지명에 나온 박지원의 생생한 증언을 들어보자.

> "세상에서 덕보를 사모하는 사람들은 그가 일찍이 스스로 과거를 포기하고 명예와 이익에 대한 생각을 끊고 한가로이 집에 들어앉아 좋은 향을 피우거나 거문고를 타는 것을 보고, 앞으로 담박하게 지내는 것을 즐겨하면서 마음은 세상 밖에서 놀 것이라고 생각하였다."

어찌 보면 홍대용과 가까운 지인들조차 그의 가치를 잘 몰랐던 셈이다. 그렇다면 박지원은 담헌을 왜 그리 높게 평가했을까? 물론 홍대용의 식견이 깊고 높았으며 자신의 학문을 관념 속에서 향유한 것이 아니라 백성들을 위해 사용했기 때문이었다. 당시 성리학이 사변적인 문제에 사로잡혀 현실을 외면하는 것과는 사뭇 다른 태도를 보인 것이다. 이용후생을 중시하는 실학자로서 충분히 이해할 수 있는 평가다. 또한 누구보다 가까운 절친이 아니었던가.

하지만 여기에는 좀 더 깊은 뜻이 있지 않을까? 먼저 홍대용은 단순한 과학자가 아니라 주체적인 자기 철학을 갖춘 인물이었다. 그가 주장한 지구구체설도 과학적 가설을 넘어서는 철학적 의미가 담겨 있다. 앞서 언급한 것처럼 당시는 '지구가 네모나다'는 것이 일반적 통념이었다. 이렇게 되면 필연적으로 중앙과 변방이 있을 수밖에 없다. 그 중심에 바로 당시 지배층의 사대 대상인 중국이 있으며, 나머지는 모두 오랑캐가 되는 것이다. 지금도 내 입에서는 동이東夷, 서융西戎, 남만南蠻, 북적北狄이라는 말이 저절로 나온다. 학창 시절 배웠던 한족 중심의 세계관이 나도 모르게 무의식에 내면화되었던 것이다. 참으로 무서운 일이다. 하지만 지구가 둥글다고 생각하면, 모든 것이 다르게 보이기 시작한다. 구체에는 중심과 변방이 따로 없으니까 말이다. 자신이 서 있는 모든 곳이 중앙이 되는 것이다. 한마디로 홍대용의 지구구체설은 단순한 과학적 가설이 아니라 사대 중심의 세계관에서 벗어나 주체성을 강조한 철학이었다.

홍대용의 학문하는 태도를 오늘의 시선에서 본다면 또 다른 의미로 다가온다. 철학이 결여된 과학은 위험한 결과를 가져올 수 있기 때문이다. 과학자가 자신의 기술로 만든 물건이 인류에 어떤 영향을 끼치며, 우리 삶에 어떤 의미인지 생각하는 것은 기본적 책무라고 할 수 있다. 그 책임 의식을 가지기 위해 필요한 것이 바로 철학이다. 우리는 러시아 체르노빌과 일본 후쿠시마에서 일어난 원전사고를 통해 원자력이 인류에게 유용한 기술이지만 동시에 얼마나 무서운 것인지도 생생하게 경험했다. 그때 사고로 목숨을 잃었거나 지금까지 후유증으로 고통받고 있는 사람들, 그리고 미래 세대에 끼칠 영향 등을 종합적으로 고려하면, 과학기술에 대한 철학적 성찰은 매우 중요하다 할 것이다. 홍대용은 중국에서 교류한 과학자들과 헤어지면서 이런 말을 남긴 적이 있다.

"한 번 헤어지면 천고토록 지날 테니, 황천에서 서로 만난다면 부끄럽지 않도록 맹세합시다."

박지원이 쓴 묘지명에 나오는 내용이다. 한마디로 부끄럽지 않은 과학자로 살자는 뜻이다. 짧지만 결코 가볍지 않은, 분명한 자기 철학이 있어야만 나올 수 있는 말이다. 흔히 과학을 '가치중립적'이라고 한다. 글자 그대로 과학기술은 좋거나 나쁘다는 가치를 갖지 않고 중립적이라는 뜻이다. 이해를 돕기 위해 칼을 예로 들어보기로 하자. 칼은 사람을 죽일 수도 있고 살릴 수도 있다. 의사는 칼을 이용해 사람을 살릴 수 있고, 요리사는 칼로 맛있는 음식을 만들어 사랑하는 사람을 즐겁게 할 수 있다. 이와 달리 칼을 이용해 사람을 죽이는 이도 존재한다. 살인을 하는 데 칼이 사용되었다 해서 칼에게 죄를 묻지는 않는다. 칼 자체는 가치중립적이기 때문이다. 문제는 그 칼을 갖고 있는 사람이 어떤 마음으로 그것을 사용하느냐에 달려 있는 것이다.

이런 시각에서 보면 원자폭탄이나 핵무기를 만든 과학자에게는 아무런 책임이 없게 된다. 그것을 정치적으로 악용한 사람들에게 문제가 있다고 보는 것이다. 이는 한때 윤리적 논쟁으로 번지기도 했는데, 인간을 죽이는 무기를 개발한 사람에게 책임이 있는가 없는가 하는 것이 핵심 주제였다. 과학기술의 가치중립성에 대한 논쟁을 해묵은 담론으로 치부하기엔 오늘의 상황이 그리 만만치가 않다. 엄청난 속도로 발전하는 과학기술이 오늘에도 여전히 우리 삶 곳곳에서 위력을 발휘하고 있기 때문이다. 그 과정에서 누군가는 이익을 얻지만 또 다른 누군가의 삶은 계속 파괴되고 있다. 과학기술이 인류의 미래에 어떤 결과를 가져올 것인지, 그들의 삶에 어떤 의미인지에 대한 철학적 성찰이 필요한 이유다.

어떤 과학기술들은 그 가치가 중립적이 아니라 좋거나 나쁜 쪽으로 흐를 수 있다. 지금도 미국에서는 총기 사고로 수

많은 사람이 죽어가고 있다. 총기 소지를 허용해야 한다고 주장하는 사람들은 '총이 사람을 죽이는 것이 아니라 사람이 사람을 죽인다'는 논리를 편다. 즉 총 자체는 가치중립적인데, 그것을 가진 사람이 나쁘게 사용해서 문제라는 것이다. 그런데 총이라는 무기는 본래 사람을 해치려는 목적으로 만들어졌으므로 그 이외에 달리 사용되는 경우는 별로 없다. 총기뿐만 아니라 원자폭탄이나 핵폭탄의 경우도 마찬가지다. 이러한 무기들이 좋은 방향으로 사용될 일은 거의 없다는 뜻이다. 인류 평화를 외치면서 핵무기 개발에 열을 올리는 강대국들이 애써 외면하는 부분이기도 하다. 핵무기는 결코 가치중립적이지 않다. 사람을 죽이는 나쁜 무기일 뿐이다. 핵무기를 개발하는 과학자들이 윤리적 책임에서 자유로울 수 없는 이유도 여기에 있다.

홍대용을 이야기하면서 과학기술의 가치중립성까지 확대하는 것은 조금 지나치지 않느냐고 할 수 있다. 하지만 철학이 결여된 과학이 얼마나 위험한지 인류는 충분히 경험했기 때문에 철학이 있는 과학자를 논하면서 이 문제를 지적하는 것이다. 홍대용을 과학계의 선구자로 평가한다면 오늘의 과학자들은 스스로 질문을 던져야 한다. 그가 지적한 것처럼 저승에 가서도 부끄럽지 않을 수 있는지 말이다.

28

간디

삶이 곧 메시지다

Philosophy of
Last Words

"내 삶이 곧 나의 메시지다."

Mahatma Gandhi
1869~1948

비폭력의 힘

"비폭력은 인류가 활용할 수 있는 가장 강력한 힘이다."

인류의 영원한 스승 마하트마 간디의 명언이다. 간디 앞에는 항상 '마하트마'라는 수식어가 붙는다. 이는 '위대한 영혼'이라는 뜻으로, 1913년 노벨문학상을 수상한 인도의 시인 타고르Rabindranath Tagore(1861~1941)가 붙여준 별명이다. 타고르가 이상을 추구한 시인이라면, 간디는 현실을 중시한 인물이다. 두 사람이 비록 성향은 달랐지만 서로를 존중하는 사이였다. 간디가 힘든 상황에 처할 때마다 제일 먼저 달려간 인물도 타고르였다. 그렇다면 간디는 왜 위대한 영혼으로 불리고 있으며, 온갖 폭력이 난무하고 있는 오늘날 그가 강조한 비폭력은 우리에게 어떤 의미일까?

간디는 인도 서부에 위치한 포르반다르라는 항구도시에서 태어났다. 그의 아버지는 라지코트라는 도시의 수상을 지낸 관료 출신이었다. 간디는 성실하고 힌두교 신앙이 돈독한 부모 아래에서 어린 시절을 보냈다. 당시 인도에는 이른 나이에 결혼하는 조혼 풍습이 있었는데, 간디도 이에 따라 13세에 혼인을 한다. 1887년에는 사말다스대학에 입학했으나, 주위의 권유에 따라 영국으로 유학을 떠난다. 영국의 런던에서 법학을 공부한 간디는 1891년 변호사 자격을 취득하고, 한 회사의 소송 사건을 맡아서 남아프리카공화국으로 향한다.

남아프리카공화국에서 간디는 커다란 전환점을 맞게 된다. 어느 날 그는 일등석 차표를 구입해서 기차를 탔는데, 역무원이 다가와 짐칸으로 가라고 했다. 간디는 일등석 기차표를 보여주었으나 아무런 소용이 없었다. 간디는 사회적으로 대접받는 변호사 신분이었지만, 백인이 아니라는 이유로 열차에서 쫓겨나야 했다. 전도유망한 젊은 변호사가 태어나서 처음으로 인격적 수모를 당한 셈이다. 이 일을 계기로 그는 유색인을 향한 백인들의 차별이 얼마나 심각한지 깨달았다. 이후 간디는 인도인들에 대한 차별을 철폐하는 저항 운동을 시작한다.

남아프리카에서 인권 운동을 펼친 간디는 제1차 세계대전이 일어나자 고국으로 귀국하여 독립운동에 전념한다. 당시 인도를 지배하고 있던 영국은 전쟁이 끝나면 독립시켜주기로 약속했으나, 그들은 이를 지키지 않았다. 오히려 영국에 저항하면 영장 없이 체포할 수 있는 법을 제정했다. 이는 인도의 독립운동을 탄압하기 위해 만든 장치였다. 그러자 간디는 이에 반대하면서 인도인들이 총궐기하도록 호소했다. 인도인들은 영국 상품을 사지 않고 세금 납부를 거부하는 등의 반영反英 운동을 펼쳐나갔다. 1919년에는 영국에 저항하는 민중의 봉기가 일어나기도 했다. 이 과정에서 많은 사람이 영국군에 의해 학살되었으며, 간디 또한 수차례에 걸쳐 투옥되었다. 이러한 역경을 겪으면서 간디는 영향력 있는 정치 지도자의 입지를 다지게 되었다.

간디는 인도의 독립운동을 전개하는 과정에서 철저하게 비폭력을 지향했다. 영국의 폭력적인 행위에 맨몸으로 대응하는 것이 과연 옳은가에 대한 논란이 있었지만, 그는 일관되게 자신의 원칙을 지켰다. 그는 어린 시절부터 힌두교 가운데 비슈누Viṣṇu파의 영향을 많이 받았다. 비슈누는 유지의 신으로서 창조의 신 브라흐마Brahma, 죽음의 신 시바Śhiva와 함께 많은 인도인의 추앙의 대상이 되고 있다. 비슈누파는 특히 비폭력을 중시하는 것으로 알려져 있다. 그가 비폭력 원칙을 끝까지 지킨 것도 이런 종교적 영향이 작용했다고 할 수 있다. 무엇보다 그가 비폭력을 강조한 것은 앞서 인용한 것처럼 그것이 인류가 활용할 수 있는 가장 강력한 힘이라고 믿었기 때문이다. 겉으로는 효력이 없을 것 같지만, 실제 비폭력은 상상 이상의 위력을 발휘한다. 간디를 비롯한 인도인들은 영국군이 때리면 그냥 맞을 뿐이었다. 하지만 정의를 향한 그들의 눈빛은 살아 있었고 거기에 영국은 무릎 꿇을 수밖에 없었다. 간디는 비폭력이 얼마나 강력한지 현실의 역사 속에서 보여주었다.

간디를 비롯한 많은 이의 노력으로 인도는 1947년 8월 15일 드디어 영국으로부터 독립을 하게 된다. 그러나 힌두교와 이슬람교의 갈등으로 인도는 둘로 쪼개지고 말았다. 알려진 것처럼 이슬람교를 신앙하는 이들이 따로 독립하여 파키스탄이라는 나라를 세운 것이다. 종교 간의 갈등으로 촉발된 민족 분열을 막고 평화를 조성하는 일은 당시 간디에게 주어진 시대적 소명이었다. 이를 위해 간디가 택한 방법은 굶는 일이었다. 그는 이슬람교와 힌두교 간에 폭력이 일어날 때마다 단식에 들어가곤 했다. 두 진영 사이에 화해가 이루어지지 않으면 결코 음식을 먹지 않겠다고 선언한 것이다. 그들은 간디를 살리기 위해 어쩔 수 없이 화해할 수밖에 없었다.

이러한 간디의 노력에도 두 종교의 대립과 갈등을 종식시킬 수는 없었다. 결국 인도는 두 나라로 갈라졌을 뿐만 아니라 간디 역시 죽음에 이르고 말았다. 1948년 1월 30일 뉴델리에서 열린 어느 기도회에 참석했다가 극단적인 성향의 힌두교 신도에 의해 총을 맞은 것이다. 그의 나이 79세 때의 일이다. 위대한 성자 간디는 이렇듯 허망하게 세상과의 인연을 다하고 말았다. 간디가 총탄에 맞고 쓰러졌을 때, 그가 입고 있었던 옷에는 이런 글귀가 쓰여 있었다.

"내 삶이 곧 나의 메시지다."

내 삶이 나의 메시지

살다 보면 분명 옳은 일이지만 행동까지 이어지는 경우는 생각보다 많지 않다. 그 행동을 함으로써 받게 될 불이익이나 고통 등이 먼저 떠오르기 때문이다. 예컨대 일제강점기 시절 나라를 찾기 위해 독립운동을 하는 일은 옳지만, 아무나 할 수 있는 것은 아니다. 그로 인한 고통을 마땅히 감수하겠다는 결심과 용기 없이는 안 되는 일이기 때문이다. 독재 정권 시절 민주화를 위해 싸웠던 이들 역시 마찬가지다. 옳다고 생각한 것을 말로 표현하는 일도 쉽지 않지만, 그것을 행동으로 실천하는 것은 더더욱 어려운 일이다.

맹자편에서 언급한 것처럼, 옳으면서 이익이 되는 일은 하면 되고, 그르면서 손해가 되는 일은 안 하면 그만이다. 이것은 매우 쉬운 일이다. 정말로 어려운 것은 옳은 일인데 손해가 되거나, 반대로 옳지 못한 일인데 나에게 이익을 가져다주는 경우다. 모두가 번민하는 순간이다. 누군가는 옳은 일을 선택하지만, 어쩔 수 없이 이익을 좇는 이도 많다. 이러한 갈림길에서 이익이 아니라 의를 택한 이들에게 공통적으로 보이는 특징이 하나 있다. 바로 용기다. 어떤 고난이 닥쳐와도 옳은 길을 끝까지 가겠다는 다짐과 용기로 무장된 사람에게는 어떤 무력을 사용해도 그 뜻을 꺾을 수 없다.

이처럼 옳은 일에 대한 소신과 용기를 가진 사람을 동양에서는 인자仁者라 부른다. 이런 사람은 감히 그 누구도 쉽게 대적할 수 없다. 흔히 말하는 인자무적仁者無敵이란 이런 뜻이다. 단순히 적이 없다는 의미가 아닌 것이다. 간디는 영국군이 총칼로 위협을 해도 눈 하나 깜박이지 않고 그들을 정면으로 바라보았던 인자였다. 한마디로 그는 독립이라는 메시지를 영국군에게 온몸으로 보여준 셈이다.

우리는 흔히 메시지는 말이나 글로 전한다고 생각하지만, 사실 이보다 더 큰 울림을 주는 것은 삶 자체에 있다. 물론 언어를 통해 메시지를 전하는 일도 용기가 있어야 가능한 일이다. 살벌한 독재 정권 아래에서 '민주' '자유'라는 말을 하는 것이 얼마나 어렵고 용기가 필요한 일이었는지 생각하면 쉽게 이해할 수 있다. 간디는 온갖 고난 속에서도 영국에 저항하면서 인도의 독립을 위해 온몸을 던진 인물이다.

간디라는 이름을 들으면 사람들은 그가 물레를 돌리는 장면을 떠올린다. 당시 영국은 인도의 면화를 헐값으로 사들여서 옷을 만든 다음, 인도의 서민들에게 비싼 값으로 판매

했다. 간디는 이러한 시스템을 무력화하기 위해 직접 물레를 돌리면서 국민들에게 옷을 지어 입으라는 메시지를 던졌다. 폭력을 동원하지 않고도 효과적인 저항운동을 펼친 것이다.

그가 예순이 넘은 나이에 뜨거운 태양 아래에서 소금 행진을 펼친 일도 매우 인상적이다. 당시 영국은 자신들이 생산한 소금만을 먹도록 하는 정책을 실시하고 있었다. 인도에서 소금이 생산되고 있는데도 비싼 세금이 부과된 영국산 소금을 구매하도록 한 것이다. 간디는 이에 저항하면서 소금 행진을 펼치고 직접 소금을 만들어 먹는 모습을 보여주었다. 이역시 자신의 삶으로 메시지를 전한 것이다. 이는 큰 반향을 일으켜 수만 명의 인도인이 소금 행진에 참여하게 되었다.

간디는 80년 가까운 삶을 살면서 인류를 향해 수많은 메시지를 전했다. 인도의 독립 이후에는 사랑과 평화, 공존이라는 인류의 보편적 가치를 온몸으로 전했다. 그는 힌두교도였지만, 다른 종교를 존중할 줄 아는 인물이었다. 그래서 종교 간의 평화와 공존을 위해 온몸을 불태웠다. 비록 과격한 힌두교도에 의해 삶을 마감했으나 그가 남긴 메시지마저 사라진 것은 아니다. 종교 간의 갈등으로 몸살을 앓고 있는 오늘날에도 그의 가르침은 여전히 의미를 갖는다.

"나는 그리스도인이자 힌두교도며, 이슬람교도이자 유대
교인이다."

새기면 새길수록 울림을 주는 가르침이다. 어떤 행위가 옳다
는 것은 어린아이도 알 수 있지만, 이를 실천하는 것은 아무
리 나이가 많다 해도 어려운 일이다. 아는 것과 사는 것 사이
에는 간극이 자리하기 때문이다. 안다고 해서 그렇게 살 수
는 없다는 뜻이다. 간디는 앎과 삶 사이의 간극을 좁히기 위
해 부단히 노력했다. 삶이 메시지라는 말은 그냥 나온 것이
아니라 아는 대로 살기 위한 노력의 과정에서 나온 흔적이
었다.

　인도 뉴델리에 있는 간디의 추모공원 기념석에는 사회를
병들게 하는 일곱 가지 악덕이 새겨져 있다. 그 가운데 네 번
째가 바로 인격 없는 지식이다. 아무리 많은 지식을 갖추었
다고 해도 사람이 되지 않으면 사회에 커다란 악을 가져다준
다는 뜻이다. 이런 현상을 우리는 어렵지 않게 목격할 수 있
다. 자신들의 요구를 들어주지 않는다고 죽어가는 환자를 외
면하는 의사들을 보지 않았는가. 중국의 유명한 서예가 왕희
지王羲之(307~365)도 "사람이 되지 않으면 가르침을 전하지
말 것이며, 재능이 덕성을 이기지 않도록 하라非人不傳 不才勝
德"고 했다. 재능과 지식이 인성을 이기고 있는 오늘의 세상

에서, 삶이 메시지라는 간디의 말이 무겁게 다가온다. 과연 나는 어떤 메시지를 남길 수 있을까? 간디가 우리에게 던지는 철학적 질문이다.

29

법정

무소유인가, 풀소유인가?

Philosophy of
Last Words

"분별하지 말라.
내가 싫어온 것이 그것이니라.
간다, 봐라."

法頂
1932~2010

무소유의 삶

몇 해 전《멈추면 비로소 보이는 것들》이라는 책으로 유명해진 출가 사문이 자신의 호화로운 저택을 공개하면서 언론과 대중의 집중적인 포화를 맞았다. 이 사건이 의도와는 달리 일파만파로 커지자 그는 공개적인 모든 활동을 중단했으며, 참회의 시간을 갖고 출가자의 본분으로 돌아가겠다고 했다. 이때 등장한 신조어가 다름 아닌 풀소유full 所有다. 글자 그대로 모든 것을 가득 채울 만큼 많은 재화를 소유하고 있다는 뜻이다. 그러니까 승려들의 청빈한 삶을 보여주는 무소유無所有와는 어울리지 않는 생활을 한 셈이다. 이때 무소유의 아이콘이라 불리는 법정이 자연스럽게 역사 속으로 소환되었다.

당시 필자는 어느 잡지사로부터 '무소유와 풀소유'라는 제목으로 글을 써달라는 청탁을 받았다. 그때 '무소유와 풀소유는 과연 대립 관계일까?' 하는 의문이 들었다. 겉으로는 반대 개념처럼 보이지만, 내면을 들여다보면 꼭 그런 것만은 아니라는 생각이 들었다. 아무리 많은 재산을 소유했다고 해도 얼마든지 무소유의 정신으로 살 수 있기 때문이다. 실제로 그렇게 살다 간 인물들도 적지 않다. 반대로 가진 것은 없으면서 소유에 대한 욕망으로 가득한 사람들도 많다. 그렇다면 무소유의 정신은 어디에서 찾을 수 있을까? 법정의 생애, 특히 그의 마지막 모습을 통해 이를 살펴보자.

법정은 전라남도 해남 출신으로 속명은 박재철朴在喆이다. 그는 젊은 시절 전남대학교 전신인 목포상과대학교에 입학했으나, 한국전쟁이 일어나는 바람에 학업을 계속할 수 없었다. 전쟁의 참화 속에서 법정은 삶과 죽음에 대한 근원적인 질문을 던지게 된다. '과연 삶이란 무엇이며, 죽으면 우리는 어디로 가는 것일까?' 이 문제를 풀기 위해 그는 출가를 결심한다. 그가 출가한 곳은 경남 통영에 자리한 미래사였다. 당시 그곳에는 효봉학눌曉峰學訥(1888~1966)이 주석하고 있었는데, 그는 한국불교 최대 종단인 조계종의 종정宗正을 지낸 고승이었다. 오늘날 법정의 트레이드마크가 된 무소유는 효봉을 스승으로 모시고 수행하는 과정에서 터득한 삶의 지혜였다.

법정은 승려이면서 동시에 타고난 문필가였다. 그는 불교신문 편집국장을 맡으면서 글을 썼으며, 당시 대강백으로 알려진 운허용하耘虛龍夏(1892~1980)와 함께 불교 경전을 번역하는 일에 몰두했다. 이뿐만 아니라 사회문제에도 많은 관심을 가지고 민주화 운동에 앞장서기도 했다. 특히 1971년에는 민주수호국민협의회에 참여하여 함석헌 목사, 장준하 선생 등과 함께 유신 철폐 운동을 펼쳤다. 불교가 개신교나 천주교에 비해 사회 참여에 소극적이라는 비판을 받고 있는 상황에서 법정이 민주화 운동에 적극적으로 나선 것은 시사하는 바가 컸다.

하지만 법정은 민주화 운동을 하면서 뜻대로 되지 않을 때마다 자신 안에서 일어나는 분노, 증오의 감정과 마주하게 되었다. '승려인 내가 지금 뭐하고 있는 거지?' 스스로 이런 물음을 던진 법정은 모든 활동을 멈추고 조계산으로 들어간다. 그는 조계산 중턱에 작은 암자를 하나 짓고 출가자의 본분으로 돌아가 수행에 몰두하게 되는데, 그곳이 바로 송광사 산내 암자인 불일암이다. 법정을 유명하게 만든 저서 《무소유》를 비롯하여 《산에는 꽃이 피네》 《텅 빈 충만》 등을 집필한 공간이기도 하다. 이곳에서 그는 많은 책을 쓰면서 문필가의 자질을 여지없이 발휘한다.

법정이 유명해지면서 불일암은 많은 사람이 찾는 명소가 되었지만, 수행하고 글 쓰는 입장에서는 그리 반길 일이 아니었다. 마침내 그는 이곳 생활을 정리하고 강원도 깊은 산골로 몸을 옮겼다. 그렇다고 사회와 완전히 단절한 것은 아니었다. 그는 불교 시민단체인 '맑고 향기롭게'를 설립하여 이 사회를 청정하게 만드는 일에 진력했다. 그리고 현재에도

법정

많은 사람의 발길이 끊이지 않는 길상사를 서울 도심 한 가운데 세우기도 했다. 알려진 것처럼 이 절은 원래 대원각이라는 요정이었는데, 이곳의 주인 김영한이 법정의 《무소유》를 읽고 깊은 감명을 받아 기부한 것이다. 그녀는 '나와 나타샤와 흰 당나귀'를 쓴 백석白石(1912~1996) 시인의 연인으로 알려진 인물로, 이후 법정은 그녀에게 길상화吉祥華라는 법명을 주기도 했다.

길상사를 세웠지만 법정이 주로 지낸 곳은 강원도 오두막이다. 정기적인 법회가 있을 때만 서울로 왔으며, 시간 대부분은 산골에서 수행과 집필 활동을 하면서 보냈다. 《오두막 편지》는 그곳에서 쓴 글을 모아 출간한 책이다. 그리고 2010년 어느 이른 봄날 모든 것을 내려놓고 고요 속으로 떠난다. 임종이 다가오자 한 제자가 게송을 남겨달라고 하는데, 이때 그는 짧은 한마디를 남긴다. 가진 것 없이 왔다 가진 것 없이 떠난 수행자의 마지막 말이다.

"분별하지 말라. 내가 살아온 것이 그것이니라. 간다, 봐라."

무소유와 풀소유

"무소유란 아무것도 갖지 않는 것이 아니라 불필요한 것을 갖지 않는다는 뜻이다."

법정의 베스트셀러 《무소유》에 나오는 대목이다. 무소유란 아무것도 갖지 않은 상태라는 오해에서 벗어나게 만든 일성이다. 오래전 이 말에 꽂혀서 지금까지 20년이 넘도록 실천하고 있는 일이 하나 있다. 그것은 바로 세탁기 없이 생활하는 것이다. 물론 이 문명 기기가 필요 없어서 그런 것은 아니다. 비록 조금은 불편하더라도 일상에서 무소유의 정신을 실천할 수 있는 일이 무엇일까 고민하다 선택한 일이다. 두꺼운 외투나 겨울 이불을 빨래할 때면 세탁기를 살까 하는 유혹이 밀려오기도 한다. 때로 그 무슨 청승이냐는 소리를 듣지만, 크게 상관하지 않고 손빨래를 수행 삼아 아직까지 잘 버티고 있다.

무소유가 불교의 전유물처럼 생각하는 사람이 많은데, 실은 그렇지 않다. 무소유는 본래 자이나교에서 강조하는 계율이다. 그들의 철저한 무소유 정신에 비하면, 불교는 명함 내밀기도 힘들 것이다. 한 가지 예를 들면, 자이나교 수행자들은 옷도 소유물이라 생각해서 벌거벗은 채로 생활한다. 인도 관련 다큐멘터리에서 가끔 벌거벗은 채로 거리를 다니는 수행자를 볼 수 있는데, 그들이 바로 자이나교 사문들이다. 우리에겐 민망하게 보일지 몰라도 그들에겐 아무것도 소유하지 말라는 계율을 지키는 실천이다. 흥미로운 일이지만, 자이나교 교단이 분열된 것도 바로 옷 입는 문제에서 비롯되었다. 인도의 북부 히말라야 지역에 사는 사람들은 추위를 견뎌내기 위해 흰색 천으로 만든 얇은 옷을 걸쳐 입었는데, 따뜻한 남쪽 지역의 보수 교단에서는 그것이 무소유 계율을 어긴 것이라고 주장했던 것이다. 그래서 자이나교 교단은 흰옷을 입는 백의파白衣波와 아무것도 입지 않는 공의파空衣波로 분열하게 된다.

옷에 대한 소유 문제로 자이나교가 분열된 모습은 우리에게도 시사하는 바가 크다고 본다. 무소유를 지나치게 외형적인 시선으로만 바라보기 때문이다. 실제로 무소유 정신은 자신이 가지고 있는 재화의 크기와는 별 상관이 없다. 앞서 잠시 언급한 것처럼, 아무리 많이 소유하고 있어도 가진 것에 집착하지 않고 얼마든지 무소유의 마음으로 살 수 있는 것이다. 중요한 것은 외적인 상황이 아니라 자신의 소유물을 바라보는 마음, 즉 집착에 있었던 셈이다.

법정은 분별하지 말라는 마지막 유훈을 남기고 이 세상과 이별했다. 나와 너, 내 것과 네 것을 분별하면 어쩔 수 없이 다른 사람보다 더 많이 가지려고 애쓰게 된다. 심하면 남의 것을 빼앗는 악행을 저지를 수도 있다. 삶의 방향이 무소유가 아니라 풀소유로 나아가는 것이다. 이런 점에서 보면, 분별은 무소유를 가로막는 가장 큰 장애 요소라 할 수 있다. 모든 것을 둘로 나누는 분별의식을 없애고, 나와 너는 '하나'라는 인식의 전환이 있을 때 비로소 무소유는 가능해진다. 실제로 그는 자신이 가진 모든 것을 맑고 향기로운 사회를 만드는 일에 돌려 주고 세상을 떠났다. 분별하고 집착하는 삶이었다면 나올 수 없는 모습이다. 문득 2015년 자신의 전 재산을 사회에 기부하고 아름답게 삶을 마무리한 이인옥 할머니의 명언이 떠올랐다.

> "돈은 똥이다. 쌓이면 악취를 풍기지만, 흩어지면 땅을 비옥하게 한다."

음미할수록 삶의 향기가 묻어나는 명언이다. 할머니는 가진 것을 모두 다른 이들을 위해 기부하고 정작 자신은 기초생활 수급자로 생활했다. 그런데 놀라운 것은 수급자에게 지급되는 돈마저 아끼고 아껴서 공부하는 학생들을 위한 장학금으로 내놓았다는 사실이다. 무소유 정신이 아니면 설명할 수

법정

없는, 존경의 마음이 절로 이는 대목이다. 이처럼 자신이 소유한 돈을 나누어서 사회를 비옥하게 만든 할머니와 같은 분도 있지만, 돈을 쌓아놓고 악취를 풍기는 이들 또한 많은 것이 현실이다.

우리 주위에는 풀소유라고 할 만큼 많은 재산을 소유했지만, 무소유의 정신으로 살다 간 이들도 적지 않다. 그들에게 공통적으로 나타나는 특징이 하나 있다. 대부분 자신의 재산을 자식들에게 물려주지 않고 사회에 환원했다는 것이다. 모두 자신이 가진 것에 집착하지 않았기 때문에 가능한 일이다. 이런 경우를 볼 때마다 '돈이란 어떻게 써야 가치가 있을까?' 하는 생각을 하게 된다. 분명한 것은 돈을 쓰는 모습에서 사람됨을 알 수 있다는 사실이다. 어찌 보면 돈은 인성을 확인하는 믿을 만한 도구인 셈이다. 무소유란 결국 재화에 있는 것이 아니라, 그것을 사용하는 사람의 마음에 달려 있었던 것이다. 무소유와 풀소유의 논란에서 우리가 배워야 할 교훈도 바로 여기에 있지 않을까?

법정은 세상과 이별의 시간이 다가오자 주변 사람들에게 다비식 같은 것은 하지 말아달라는 바람을 전했다고 한다. 자신의 몸 하나 처리하기 위해 소중한 나무를 베어서는 안 된다는 것이었다. 그저 산골 오두막에 남아 있는 땔감으로 화장을 하고 남은 유해는 철쭉나무 아래 뿌려달라고 했다.

그것이 죽어서나마 꽃에게 보답하는 길이라는 것이다. 삶을 잘 살지 않으면 나올 수 없는 아름다운 마지막 모습이다. 그는 참으로 잘 살다 잘 간 수행자였다.

무소유의 아이콘은 그렇게 떠났지만 그가 남긴 무소유의 정신은 '어떻게 살 것인가?'를 고민하는 이들에게 귀한 가르침으로 남아 있다. 몇 해 전 송광사 가는 길에 불일암을 들러 그를 만나고 왔다. 법정의 유해는 불일암 후박나무 아래에 놓여 있는데, 여전히 무소유의 향기를 내뿜고 있었다. 그 맑고 향기로운 기운이 내 마음을 비옥하게 만들어주었다.

30

틱낫한

마음엔 평화, 입가엔 미소

Philosophy of
Last Words

"이 몸은 내가 아니며 나를 가둘 수 없다.

삶과 죽음은 오가는 문이며, 숨바꼭질 놀이일 뿐이다.

그러니 내 손을 잡고 웃으면서 잘 가라고 인사하지."

Thich Nhat Hanh
1926~2022

늘 깨어 있는 삶

2022년 1월 22일 틱낫한이 입적했다는 소식을 들었다. 푸른 눈의 승려 현각이 《만행》이라는 책에서 자신의 스승인 숭산 행원崇山行願(1927~2004)과 티베트의 달라이 라마, 캄보디아의 마하 고사난다와 함께 세계 4대 생불로 소개한 인물이다. 문득 그가 왜 살아 있는 붓다로 추앙받고 있는지, 그의 가르침이 오늘날의 우리에게 어떤 의미인지 전하고 싶은 마음이 일었다. 이를 통해 삶과 죽음을 바라보는 그의 시선도 자연스럽게 드러날 것이다.

틱낫한은 1926년 베트남 중부 평화로운 시골에서 태어났다. 그는 16세의 나이에 출가하게 되는데, 이유는 단순했다. 어느 사진 속에 찍힌 승려의 모습이 너무 평화롭게 보였기 때문이었다. 하지만 조국 베트남의 상황은 그를 평범한 수행자로 살아가도록 놓아주지 않았다. 1883년부터 프랑스의 식민지였던 베트남은 제2차 세계대전 당시에는 일본의 지배를 받게 되었다. 제2차 세계대전에서 일본이 패하자 프랑스는 또다시 베트남을 침략하여 식민지로 삼으려고 했다. 당시 승려들은 조국을 지키기 위해 저항운동에 가담했고, 그 과정에서 수많은 이가 목숨을 잃었다.

어디 그뿐이던가. 1960년부터 1975년까지 벌어진 미국과의 전쟁은 베트남을 점점 초토화시키고 있었다. 틱낫한은 비극적인 상황을 보고만 있을 수 없었다. 그는 미국으로 건너가 순회 강연을 다니면서 조국의 사정을 세계에 알리고 프랑스 파리에 불교평화대표단을 창설하여 반전 평화 운동을 벌였다. 이러한 적극적인 활약에 감동한 마틴 루터 킹Martin Luther King(1929~1968) 목사는 1967년 그를 노벨평화상 후보로 추천하기도 했다. 반면 틱낫한의 활동을 곱지 않은 시선으로 본 베트남 정부는 그에게 귀국 금지 조치를 내린다. 조국의 평화를 위해 운동을 벌이다 졸지에 망명자 신세가 된 것이다.

1973년 그는 프랑스로 망명하여 수행 공동체인 플럼 빌리지plum village, 우리말로 자두 마을을 세운다. 이곳에서 그는 전쟁으로 고아가 된 아이들을 돌보면서 수행 공동체에 어울리는 마음챙김이나 걷기 명상 등 다양한 프로그램을 진행하여 많은 이의 주목을 받게 된다. 특히 이 명상 프로그램은 종교와 관계없이 진행되었기 때문에 승려뿐만 아니라 신부, 목사, 랍비 등 다른 전통의 사람들이 참여하여 큰 반향을 일으키기도 했다. 그곳에는 그리스도와 붓다의 사진이 나란히 걸려 있었다. 그에게 이웃 종교를 이해하는 것은 곧 자신의 종교를 더 깊이 이해하는 길이었다.

전 세계 각지에서 수많은 사람이 플럼 빌리지로 몰려들었다. 그는 이곳을 찾아온 이들을 위해 강연을 했고, 그 내용을 모아 책으로 출간했다. 그렇게 나온 100여 권의 저서는 다른 나라의 언어로 번역되어 사람들의 가슴을 철학과 수행의 향기로 적셔주었다. 그가 오늘의 우리에게 전하는 메시지를 한마디로 요약하면, 늘 깨어 있는 삶을 살라는 것이었다. 그래야 자신의 삶을 주체적으로 이끌 수 있기 때문이다. 우리는 평소 탐욕과 성냄, 어리석음이라는 삼독三毒의 술에 취해 정신없이 삶을 살아간다. 삼독이 삶의 주인공이 되고 나 자신은 엑스트라로 전락하게 된 것이다. 그렇기 때문에 깨어 있는 삶으로 질적 전환을 이루기 위해서는 정신없이 살고 있는 자신을 성찰해야 한다. 플럼 빌리지에서 이루어지고 있는 마음챙김이나 걷기 명상 등은 스스로를 성찰하는 수행으로써 의미를 가진다.

그의 책들을 읽으면서 느낀 점은 붓다의 가르침을 오늘의 언어로 아주 쉽게 전한다는 것이었다. 개인적으로 중학생들도 이해할 수 있는 글을 써야겠다는 생각을 하게 된 것도 틱낫한의 영향이 크다. 게다가 그의 가르침은 불자들뿐만 아니라 이웃 종교를 신앙하는 이들도 공감할 수 있는 내용으로 되어 있다. 전 세계의 수많은 독자가 그의 책을 애독하는 이유다. 우리나라에도 《화》《너는 이미 기적이다》를 비롯하여 많은 책이 번역되어 지금까지 꾸준하게 독자들의 사랑을 받고 있다.

틱낫한은 2014년 뇌졸중으로 쓰러지는데, 그 후유증으로 말을 할 수 없는 상황에 이르게 되었다. 그는 고국인 베트남으로 돌아가 여생을 마치고 싶었다. 비로소 2018년에 그의 바람이 이루어져 고향에서 평화롭게 지내다 얼마 전 고요 속으로 떠났다. 그리고 자신의 시신을 화장해서 전 세계의 플럼 빌리지 산책로에 뿌려달라는 유언을 남겼다. 다음은 틱낫한이 생전에 남긴 말이다.

"이 몸은 내가 아니며 나를 가둘 수 없다. 삶과 죽음은 오가는 문이며, 숨바꼭질 놀이일 뿐이다. 그러니 내 손을 잡고 웃으면서 잘 가라고 인사하자. 내일, 어쩌면 그전에 다시 만날 것이다. 삶의 수많은 길에서 항상 다시 만난다."

마음엔 평화, 입가엔 미소

오래전 대학에서 '인도철학'을 강의할 때의 일이다. 어떻게 하면 명상의 나라 인도를 쉽게 전할 수 있을까 고민하다 틱낫한의 시를 한 편씩 소개하면서 수업을 시작했다. 그의 시에는 깨어 있는 삶을 위해 필요한 다양한 내용이 담겨 있다. 숨을 쉬거나 산책을 하며, 손을 씻거나 목욕할 때 등 일상의 순간을 어떤 마음으로 대해야 하는지 짧은 시를 통해 표현하고 있는 것이다. 한마디로 일상의 모든 순간을 수행으로 활용할 수 있도록 개발한 시라 할 수 있다. 예를 들어, 산책을 할 때 다음과 같이 호흡에 집중하면서 걷는 것이다.

> "숨을 들이마실 때 내 몸이 고요해지고, 숨을 내쉴 때 미소
> 짓는다."

단순화하면 '마음엔 평화, 입가엔 미소'가 된다. 들숨 때 '평화'를, 날숨 때 '미소'를 생각하면서 걷다 보면 어느새 마음이 고요해지고 자신도 모르게 입꼬리가 올라가는 것을 느낄 수 있다. 평화와 미소에 대한 생각이 현실로 이루어지는 셈이다. 이런 상태에서 누군가를 만난다면 밝게 웃으면서 "안녕하세요!" 하고 인사를 나눌 수 있다. 그러면 인사를 받는 상대 또한 기분이 좋아질 것이다. 당시 학생들에게 강의실까지 걸어오면서 이 명상을 실천해보라고 주문했다. 그렇게 몇 주가 지나자 긍정적인 반응이 나타나기 시작했다. 수업에 들어

가면 많은 학생이 미소를 짓고 있었던 것이다. 그 덕분에 한 학기 동안 밝은 분위기 속에서 강의를 마칠 수 있었다.

이처럼 일상을 수행 공간으로 활용하면 깨어 있는 삶을 사는 데 많은 도움이 된다. 앞서 언급한 것처럼 걸으면서 '마음엔 평화, 입가엔 미소'를 생각하면, 그 자체가 훌륭한 걷기 명상이 된다. 이를 일상에서 실천하는 데 특별한 지식이나 기술이 필요한 것도 아니다. 그저 호흡에 집중만 하면 되는 일이다. 틱낫한은 이러한 수행을 통해 현재의 순간을 아름다운 순간으로 가꿀 수 있다고 강조한다. 그의 말처럼 늘 깨어 있는 삶을 살 수 있다면, 그곳이 곧 지상낙원이 될 것이다.

"지금 여기 깨어 있는 마음이 바로 정토요, 천국이다."

종교인들이 궁극적으로 추구하는 목적이 바로 구원이다. 그 구원의 공간을 불교에서는 정토라 하고, 기독교에서는 천국이라 부른다. 틱낫한에 의하면, 그곳은 죽어서 가거나 아주 오랜 시간이 흐른 뒤에 찾아오는 것이 아니라 내가 서 있는 바로 '지금 여기'에 있다고 한다. 다만 조건이 하나 있는데, 정신이 없거나 자고 있는 것이 아니라 늘 깨어 있어야 한다는 점이다. 깨어 있는 그 순간이 바로 정토요, 천국인 것이다. 그렇기 때문에 천국이나 정토에 태어나려고 기도할 것이 아니라, 현재를 깨어 있는 순간으로 가꾸는 일이 무엇보다 중요하다.

이런 마음으로 살 수만 있다면 죽음이 찾아와도 그리 슬퍼할 것 같지는 않다. 틱낫한이 입적하자 《뉴욕타임스》는 소식을 전하면서 그가 남긴 명언을 하나 소개했다.

> "삶과 죽음은 단지 개념일 뿐이다. 죽음도 없고 두려움도 없다. 그것들은 실재가 아니다."

실재도 없고 개념에 불과한 죽음에 대해 두려움을 느낄 필요가 없다는 뜻이다. 이렇게 되면 그가 지적한 것처럼 삶과 죽음은 그저 서로 오가는 출입문일 뿐이다. 그러니 서로 길을 가다가 만나면 미소 띤 얼굴로 인사를 나누는 게 어떨까? 그곳이 우리 동네 강변길이든, 플럼 빌리지 산책로든 무슨 상관이 있겠는가.

그의 말처럼 우리는 수많은 삶의 길에서 다시 만날 수 있다. 예를 들어, 그 공간이 택시 안이라고 가정해보자. 틱낫한은 택시를 타고 가다 만나는 빨간 신호등을 붓다나 예수처럼 생각하라고 말한다. 빨간 신호등은 길을 방해하는 대상이 아니라 빨리만 가려고 하는 우리의 마음을 붙잡아주는 붓다 혹은 예수라는 것이다. 그러니 교차로에서 빨간불에 걸렸다고 짜증 내지 말고, 짧은 시간이지만 파란불이 켜질 때까지 호흡에 집중해보자. 숨을 들이마시면서 '평화'를, 내쉬면서 '미소'를 주문처럼 외우면 택시 안은 붓다와 예수가 함께하는 거룩한 정토요, 천국이 되는 셈이다. 실제 프랑스 파리에서 택시 기사들을 상대로 틱낫한의 명상 교육을 시켰더니 교통사고가 줄어들었다고 한다.

우리도 운전하면서 빨간불을 만나면 붓다나 예수라고 생각하는 것이 어떨까? 그러면 차 안은 운전 명상을 수행하는 도량이자 주체적인 삶을 창조하는 깨어 있는 공간이 될 것이다. 차 안을 어떻게 가꿀 것인지는 결국 나에게 달린 일이다. 그를 추억하면서 마음으로 묘비명을 써보았다.

"마음엔 평화, 입가엔 미소."

언젠가 책을 읽다가 중국 작가 린위탕林語堂(1895~1976)의 〈무덤들 사이를 거닐며〉(류시화 엮음,《지금 알고 있는 걸 그때도 알았더라면》, 열림원, 2014)를 보고, 순간 잠시 멈칫했다. 아마 마음에 울림이 있었던 것 같다. 뒷부분을 인용해본다.

"죽은 자들이 나의 참된 스승이다.
그들은 영원한 침묵으로 나를 가르친다.
죽음을 통해 더욱 생생해진 그들의 존재가
내 마음을 씻어준다.

홀연히 나는
내 목숨이 어느 순간에 끝날 것을 본다.

내가 죽음과 그렇게 가까운 것을 보는 순간

나는 내 생 안에서 자유로워진다.

남하고 다투거나 그들을 비평할 필요가 무엇인가."

이 글을 읽으면서 문득 초등학교 1학년 크리스마스이브의 아픈 기억이 떠올랐다. 당시 어머니는 병으로 일찍 세상을 떠나고 아버지는 재혼한 상태였다. 그날 저녁 새어머니는 우리 형제들이 있는 방으로 들어와 당신이 오늘 죽는다는 이상한 말을 했다. 그리고 몇 분 지나지 않아 그 말은 현실이 되고 말았다. 아버지와의 잦은 갈등과 충돌이 있었지만, 그렇게 스스로 목숨을 끊을 줄은 상상도 하지 못했다. 어찌 보면 우리 앞에서 자신이 죽는 모습을 보임으로써 아버지에게 가장 잔인한 복수를 한 셈이 되었다. 그때 내 나이 겨우 여덟 살이었다.

이 충격적인 사건은 무의식에 깊이 저장되어 나의 학창 시절을 온통 지배하고 말았다. 누구한테도 쉬이 말할 수 없는 비밀 때문에 아픈 날들이 계속되었다. 빨리 어른이 되고 싶었다. 어른이 되면 그 일이 아무렇지 않을 것 같아서였다. 고등학교 시절 한 친구에게 이 일을 털어놓고 평펑 울었던 적이 있다. 아마 내 삶에서 가장 많이 울었던 순간이 아닌가 싶다. 그렇게 울고 났더니 상처가 조금은 치유되는 것 같았다. 그때 울음을 받아주었던 친구는 지금까지도 나의 가장 든든한 후원자가 되고 있다.

그 사건 때문인지 어릴 때부터 삶과 죽음에 대해 생각하는 시간이 많았다. 과연 산다는 것은 무엇이며, 죽으면 우리는 어디로 가는 것일까? 이런 생각을 하는 학생이 선택할 수 있는 길은 그리 많지 않았다. 숫기 없고 소심한 소년이 용기를 내어 선택한 길이 바로 철학이었다. 철학을 공부하면 뭔가 알 수 있을 것만 같았다. 훗날의 일이지만, 그때 불교를 만났더라면 출가의 길을 걷지 않았을까 생각한 적도 있다. 그만큼 간절하고 진지했던 시절이었다.

지금 생각해보면 새어머니는 린위탕의 말처럼 나의 참된 스승이었다. 당신은 불행하게 삶을 마감했고 나 역시 그 일 때문에 힘든 시간을 보냈지만, 역설적으로 삶과 죽음을 성찰할 수 있는 귀한 계기가 되었으니까 말이다. 그런 점에서 보면 이 책의 최초 인연은 새어머니가 된다. 물론 이런 이야기를 할 수 있는 것도 당시의 상처에서 벗어났기 때문에 가능한 일이다. 그때의 아픈 기억이 지금은 스승이 되어 죽은 자와 화해를 하고 있는 것이다. 어쩌면 이 글을 쓰면서 이미 화해를 했는지도 모르겠다. 린위탕의 지적처럼 수많은 질곡桎梏 속에서 허우적대는 우리의 삶도 죽음과 마주하면 조금은 자유로워진다. 어디 그뿐이던가. 모두가 죽는다는 그 자명한 사실 앞에 우리는 겸손해진다.

에필로그에서 구구절절 말이 많은 것도 민망한 일이다. 어쩌다 보니 나의 고백이 되고 만 것 같다. 짧게 마무리하고자 한다. 우리가 죽음을 철학하는 이유는 분명하다. 한마디로 잘 살기 위해서다. 천상병 시인처럼 소풍 끝나는 날 가서 아름다웠다고 말하지는 못해도, 죽어가면서 '이게 뭐냐!'는 한탄은 하지 않았으면 좋겠다. 그러기 위해서는 잘 살아야 한다. 그러면 된다. 아무쪼록 이 책이 어떻게 살 것인지 고민하는 이들의 여정에 작은 도움이라도 되었으면 하는 바람이다.

아참, 프롤로그에서 언급한 나의 묘지명은 짓지 못했다. 아직은 잘 사는 일에 좀 더 집중해야 할 것 같다.